無
為

Wu Wei

I0151099

Discovery Publisher

Titre original : *Wu Wei*

1996, 2004, 2007, 2010, 2015 : Éditions Nataraj

©2020, Discovery Publisher

Tous droits réservés.

Aucune partie de ce livre ne peut être reproduite ou utilisée sous aucune forme ou par quelque procédé que ce soit, électronique ou mécanique, y compris des photocopies et des rapports ou par aucun moyen de mise en mémoire d'information et de système de récupération sans la permission écrite de l'éditeur.

Auteur : Henri Borel
Traduction de l'anglais : Pierre Bernard

616 Corporate Way
Valley Cottage, New York
www.discoverypublisher.com
editors@discoverypublisher.com
Fièrement pas sur Facebook ou Twitter

New York • Paris • Dublin • Tokyo • Hong Kong

Table des matières

Préface de l'Auteur   9

Chapitre I – TAO   13

Chapitre II – L'ART   41

Chapitre III – L'AMOUR   67

無
為

Wu Wei

Ouvrages parus dans la collection Nataraj

SAGESSE UNIVERSELLE
* *Dhammapada, la parole du Bouddha*, trad. TK Jayaratne
* *La lumière de l'Inde*, textes d'Alphonse de Lamartine
* *Dieu en Soi - méditations au cœur de l'Inde et du christianisme*, textes présentés par R. Caputo et C. Verdu
* *La philosophie mystique de Simone Weil*, Gaston Kempfner
* *L'imitation de Jésus-Christ*, traduction de Pierre Corneille
* *La mort... sereinement*, Sénèque, *Extraits des lettres à Lucilius*
* *La consolation de la philosophie*, Boèce)

COLLECTION SOPHIA PERENNIS
* *Regards sur les mondes anciens*, Frithjof Schuon)
* *Trésors du bouddhisme*, Frithjof Schuon)

TRÉSORS DE L'INDE SPIRITUELLE
* *Kaivalya Upanishad*, trad. Paul Deussen
* *Je suis Shiva! Hymnes à la non-dualité de Shankarâchârya*
* *Om, la syllabe primordiale*, textes traduits et présentés par Roberto Caputo
* *Tout est Un*, Anonyme du XIXᵉ siècle
* *Annamalai Swâmî : une vie auprès de Râmana Maharshi*, récit recueilli et mis en forme par David Godman
* *Comme une montagne de camphre*, enseignements de Râmana Maharshi et Annamalai Swâmî présentés par David Godman
* *Bhagavad-gîtâ, le chant du bienheureux*, traduction d'Émile Burnouf

Henri Borel

Wu Wei

Le Non-Agir d'après Lao Tse et le Taoïsme

Traduit
Avec autorisation de l'Auteur

par

Pierre Bernard

« *Sous son apparence simple et sans prétentions
"érudites", c'est certainement une des meilleures
choses qui aient été écrites en Occident sur le
taoïsme.* »

René Guénon

Préface de l'Auteur

La présente étude sur le *Wu Wei* de Lao Tse ne doit en aucune façon être considérée comme une traduction, même libre, de l'œuvre de ce philosophe. J'ai simplement essayé de rendre, dans toute sa pureté, l'essence de sa sagesse : j'ai donné çà et là la traduction directe des vérités qu'il énonce, mais la plus grande partie de cet ouvrage est le développement, sous une forme élaborée par moi, des quelques principes qu'il se borne à formuler.

Ma conception des termes « *Tao* » et « *Wu Wei* » est différente de celle de la plupart des sinologues qui ont traduit le Tao Te King, comme Stanislas Julien, Giles et Legge. Ce n'est pas ici qu'il convient de la justifier : on jugera mieux, d'après les pages suivantes, si cette conception est sagesse ou non-sens.

Le livre de Lao Tse est court et extrêmement simple : la pensée de l'auteur est condensée en peu de mots pris dans leur pure acception primitive – acception très différente parfois de celle qu'ils revêtent dans d'autres ouvrages[1] –, mais ce peu est lettre d'Évangile. L'ouvrage de Lao Tse n'est pas un traité de philosophie : il expose simplement les vérités auxquelles Lao Tse a été conduit par sa philosophie : on n'y trouve que la quintessence de cette philosophie, mais non point le développement de son système.

Ce petit ouvrage est tout pénétré de cette essence, mais n'est pas une traduction de Lao Tse. Aucune des comparaisons que j'ai tirées du paysage, de la mer et des nuages ne se trouve dans son livre : nulle part il n'a parlé de l'Art, non plus qu'il n'a spécialement traité de l'Amour. En traitant ces sujets, j'ai exprimé les idées et les sentiments qui se déduisent instinctivement de la philosophie profonde de Lao Tse, pour qui s'en est longuement pénétré. Il se peut que mon étude contienne beaucoup plus de moi-même que je ne l'imagine ; mais dans ce cas encore, il ne serait que l'expression de pensées et de sentiments éveillés en moi par les paroles de Lao Tse.

---

1. Dans les ouvrages de Confucius, par exemple.

Je ne me suis servi que d'ouvrages chinois sur ce philosophe, et en petit nombre. Lorsque, plus tard, j'en ai lu diverses traductions en français et en anglais, j'ai été profondément surpris de voir combien elles sont confuses et inintelligibles.

Je m'en suis tenu à ma simple idée de l'œuvre de Lao Tse : je n'y pouvais rien changer, car j'en sentais la vérité en moi-même, comme une foi simple et naturelle.

無為

Chapitre I

TAO

J'étais dans le temple de Shien Shan, dans un îlot de la mer de Chine, à quelques heures de traversée du port de Ha To.

Vers l'ouest s'élèvent doucement deux chaînes de montagnes qui unissent derrière l'île leurs contours adoucis ; à l'est, l'Océan resplendit à perte de vue. Très haut, bâti sur le roc, le Temple se dresse à l'ombre de larges arbres du Bouddha.

L'île n'est guère visitée. Parfois, des pêcheurs fuyant devant la menace du typhon y jettent l'ancre, quand ils n'ont plus l'espoir d'atteindre le port. Nul ne sait pourquoi le Temple s'élève dans cet endroit solitaire, mais les siècles ont établi son droit sacré de s'y trouver. Les étrangers y viennent rarement et l'île ne compte qu'une centaine d'habitants fort pauvres, qui vivent là simplement parce que leurs ancêtres y ont vécu avant eux. Je m'y étais rendu dans l'espoir de trouver un homme d'esprit sérieux avec qui je puisse étudier.

Pendant plus d'une année, j'avais visité les Temples et les monastères de la région, à la recherche de prêtres instruits, capables de m'apprendre ce qu'il m'était impossible de tirer des livres superficiels qui existent sur la religion chinoise ; mais je n'avais encore rencontré que des êtres ignorants et bornés, prosternés devant des idoles dont le sens symbolique leur échappait et répétant d'étranges « *suttas* »[1] dont ils ne comprenaient pas le premier mot. Aussi j'avais été obligé de puiser tous mes renseignements dans des ouvrages mal traduits, qui avaient été encore plus mal traités entre les mains des savants européens que par celles des lettrés chinois que j'avais consultés. À la fin cependant, un vieillard chinois m'avait cité le « Sage de Shien Shan » comme versé dans les secrets du Ciel et de la Terre, et, sans grand espoir il est vrai, j'avais traversé la mer pour le découvrir.

Ce temple ressemblait à beaucoup d'autres que j'avais vus. Des prêtres sordides, vêtus de robes d'un gris sale, flânaient sur les marches et me regardaient avec un ricanement hébété. Les statues de Kwan Yin, de Sakya Mouni et de Sam Pao Fu avaient été récemment res-

---

1. Les prêtres chinois ont coutume de répéter des « suttas » [sûtra en sanskrit, N. D. É.] ou strophes de poésie religieuse qui, à en juger par le son, ont été tirées du sanskrit et traduites en phrases chinoises dont ils ne comprennent pas un mot.

taurées et flamboyaient des couleurs les plus violentes qu'on puisse imaginer et qui défiguraient entièrement leur beauté primitive. Le sol était malpropre, couvert de poussière, jonché d'écorces d'oranges et de débris de canne à sucre. Une atmosphère épaisse et lourde oppressait ma poitrine.

M'adressant à l'un des prêtres, je lui dis :

— Je suis venu rendre visite au vieux Sage. N'y a-t-il pas ici un vieux Sage qu'on appelle du nom de « Lao Tse » ?

Il me répondit d'un air étonné :

— Lao Tse habite la chaumière qui est au sommet de la falaise, mais il n'aime pas les Barbares.

Je lui demandai tranquillement :

— Veux-tu me conduire auprès de lui, Bhikku, pour un dollar ?

Il y avait de la convoitise dans son regard, mais il secoua la tête et répliqua :

— Je n'ose pas, cherche toi-même.

Grimaçant un sourire, les autres prêtres m'offrirent du thé, dans l'espoir d'aumônes.

Je les quittai et gravis les rochers : en une demi-heure j'atteignis le sommet et j'y trouvai une petite chaumière carrée, construite en pierre. Je frappai à la porte et bientôt j'entendis tirer le verrou.

Le Sage était debout devant moi et me regardait et ce fut toute une révélation.

J'eus la même impression qu'à la vue d'une grande lumière qui n'éblouit pas, mais qui apaise.

Il était devant moi, grand et droit comme un palmier. Son visage était paisible comme un soir calme, dans le silence des arbres et la tranquillité du clair de lune : toute sa personne respirait la majesté de la nature, aussi simplement belle, aussi purement spontanée qu'une montagne ou un nuage. De sa seule présence émanait une atmosphère sacrée comme la pieuse influence qui pénètre la douce clarté d'un paysage au crépuscule. Je me sentais mal à l'aise sous son regard profond et je voyais ma misérable existence révélée dans toute sa médiocrité. J'étais incapable de parler, mais je sentais en silence son influence lumineuse.

Il leva la main d'un geste pareil à une fleur qui se balance et me la tendit avec une cordiale franchise. Il parla et sa voix était musicale et douce comme le chant de la brise parmi les arbres :

— Tu es le bienvenu, Étranger. Que désires-tu de moi, du vieil homme que je suis ?

— Je cherche un Maître, lui répondis-je humblement : je cherche une direction qui puisse faire de moi un homme de bien. J'ai longtemps exploré ce pays plein de beauté, mais les hommes semblent être des morts et je suis aussi pauvre que jamais.

— Tu fais quelque erreur en cela, dit le Sage. Ne te mets pas tant en peine pour être tellement bon. Ne t'y efforce pas avec excès ou sinon tu n'atteindras jamais la véritable sagesse. Ne sais-tu pas comment l'Empereur Jaune[1] retrouva sa perle magique ? Je vais te le dire.[2]

« L'Empereur Jaune fit un jour un voyage au nord de la mer Rouge et gravit le sommet des montagnes de Kouen Loun. En retournant vers le sud il perdit sa perle magique. Il recourut à sa raison qu'il implora pour la retrouver, mais en vain. Il recourut à sa vue, mais en vain. Il recourut à son éloquence, mais toujours en vain. À la fin, il eut recours à Rien, et Rien la lui rendit. 'Quelle chose extraordinaire !' s'écria l'Empereur Jaune, 'que Rien ait le pouvoir de la retrouver !'

« Me comprends-tu, jeune homme ? »

---

1. L'Empereur Jaune [Huang Di, n.d.e.] est un souverain légendaire qui semble avoir régné vers l'an 2697 avant notre ère.

2. Le passage qui suit entre guillemets est tiré du onzième chapitre du *Nan Hua King*.

— Je pense que la perle était son âme, répondis-je, et que le savoir, la vue et la parole enveloppent l'âme d'obscurité plutôt qu'ils ne l'éclairent. Et je pense que c'est seulement dans la paix d'une parfaite quiétude que la conscience de son âme fut rendue à l'Empereur Jaune. Est-ce bien cela, Maître ?

— C'est cela même. Tu as vu juste. Et sais-tu aussi qui est l'auteur de cette belle légende ?

— Je suis jeune et ignorant : je ne le sais pas.

— C'est Chuang Tse, le disciple de Lao Tse, du plus grand Sage de la Chine. Ce ne sont ni Confucius ni Mencius qui ont exprimé la plus pure sagesse en ce pays, mais Lao Tse. Il a été le plus grand de tous et Chuang Tse était son disciple. Vous aussi, étrangers, vous avez, je le sais, une certaine admiration pour Lao Tse, mais bien peu d'entre vous savent qu'il fut l'être humain le plus pur qui ait jamais vécu. As-tu lu le Tao Te King et as-tu jamais cherché ce qu'il entendait par « *Tao* » ?

— Je me tiendrais pour heureux, en vérité, si tu voulais me l'expliquer, Maître.

— Je crois que je puis en effet t'instruire, jeune homme. Il y a de longues années que je n'ai pas eu d'élève, et dans tes yeux je ne vois point de curiosité, mais plutôt un pur désir de la sagesse pour affranchir ton âme. Eh bien, écoute[1] :

1. Tout le passage suivant jusqu'à la phrase « et les myriades retournent dans l'Unique », est une adaptation, mais non une traduction, de la première section du *Tao Teh King*. Nos langues occidentales n'ont pas de termes pour rendre le style de Lao Tse en lui gardant son étonnante simplicité. Ma version, qui est due en partie à l'aide de commentateurs chinois, repose sur une interprétation entièrement nouvelle, et, autant que je puisse juger, sur la vraie. Un des sinologues les plus réputés, et à certains égards les plus compétents, Herbert Giles, ne traduit que la première phrase de cette première section et omet le reste, qu'il estime négligeable (Cf. *The Remains of Lao Tzu*, par A. Giles, Hong Kong, China Mail Office, 1886). Le même orientaliste traduit « *Tao* » par « La Voie », sans se rendre compte que c'est un contresens : ce que Lao Tse veut désigner – le Suprême, l'Infini – ne peut être en même temps la Voie, car une voie, au sens figuré, conduit à « un terme » et ne se confond pas avec ce terme.

Un autre sinologue, plus célèbre encore que le précédent, le Dr Legge, traduit « *Tao* » par « le parcours » (en anglais « course »), et, de cette phrase si simple : « Si *Tao* pouvait être exprimé par la parole, il ne serait pas l'éternel Tao », il fait : « Le parcours qui peut être suivi n'est pas l'éternel, l'immuable Parcours » !

L'origine de ces confusions est simple : le mot « *Tao* » et le caractère chinois qui le représente ont un grand nombre de sens : dans le *Chung Yung* [*pinyin* « *Zhong Yong* », N. D. É.] de Confucius, ils signifient effectivement « la Voie », mais dans cent autres cas, ils signifient « parole, expression ». Lao Tse ayant employé deux fois ce caractère dans une même phrase avec deux sens différents, presque tous les traducteurs se sont laissé induire en erreur. La phrase est aussi simple que possible ; et, dans deux de mes éditions chinoises, les commentateurs ont rendu le même sens que moi avec les mots « dit » (au lieu d'« exprimé ») et « par les paroles de la bouche ». Cependant, Wells Williams est le seul des sinologues qui ait saisi le sens qu'il traduit ainsi : « Le *Tao* qui peut être exprimé n'est pas l'éternel *Tao* ». La construction de la phrase n'est pas correctement rendue, mais le sens tout au moins est exact. Après que mon étude eût été publiée dans la revue hollandaise *De Cids*, je vis pour la première fois l'ouvrage du professeur de Groot, intitulé *Jaarlijksche feesten en Gebruiken van de Emoy-Chineegen*. J'y constatai

« *Tao* n'est rien d'autre, en réalité, que ce que vous, étrangers, vous appelez Dieu, *Tao* est l'Unique, le commencement et la fin, il contient toutes choses et c'est à lui que toutes choses retournent.

« Lao Tse écrivit au commencement de son livre le caractère « *Tao* », mais ce qu'il voulait réellement désigner, le Suprême, l'Unique, ne peut avoir aucun nom, précisément parce qu'il est l'Unique. Votre mot « Dieu » est également inapproprié. « Wu », c'est-à-dire « Rien », voilà *Tao*. Tu ne me comprends pas ? Écoute encore. Il existe une Réalité absolue, sans commencement et sans fin, que nous ne pouvons comprendre et qui, par suite, est pour nous semblable à rien. Ce que nous sommes capables de comprendre et qui a pour nous une réalité relative n'est en vérité qu'apparence seulement. C'est une production en effet de la Réalité absolue, puisque tout émane de cette Réalité et retourne à elle, mais les choses qui sont réelles à nos

que l'auteur est d'accord avec moi pour considérer « *Tao* » comme intraduisible : il y voit une conception profonde « pour laquelle le philosophe chinois lui-même n'a pas trouvé de nom et qu'il s'est borné à désigner par le mot 'Tao'. » Le professeur de Groot ajoute : « Si l'on traduit ce mot par 'l'Âme universelle de la Nature', 'l'Énergie omniprésente de la Nature' ou simplement la Nature', on ne sera certainement pas éloigné de la conception du philosophe. »

À mon sens, le terme implique quelque chose de plus élevé encore ; toutefois, la conception du professeur de Groot est, parmi toutes les interprétations dont j'ai eu connaissance, celle sur laquelle je suis le plus près de tomber d'accord.

yeux ne sont pas réelles en elles-mêmes. Ce que nous appelons Être est en fait le Non-Être et ce que nous appelons le Non-Être est l'Être dans son sens vrai. En sorte que nous vivons dans une grande obscurité. Ce que nous imaginons comme réel n'est pas réel, mais cependant émane du Réel, car le Réel est Tout. Donc l'Être et le Non-Être sont *Tao* l'un et l'autre : mais surtout n'oublie pas que *Tao* n'est qu'un son articulé par un être humain et que *l'idée en est essentiellement inexprimable.* Toutes les choses que les sens perçoivent et tous les désirs du cœur sont irréels. *Tao* est la source du Ciel et de la Terre. Un engendra Deux. Deux engendra Trois. Trois engendra les myriades, et les myriades retournent dans l'Unique.

« Si tu te souviens bien de cela, jeune homme, tu auras franchi le premier portail sur le sentier de la sagesse.

« Tu sais en effet que *Tao* est l'origine de Tout – des arbres, des fleurs, des oiseaux, de la mer, du désert et des rochers, de la lumière et des ténèbres, de la chaleur et du froid, de l'été et de l'hiver, et de ta propre vie. Les mondes et les océans s'évaporent dans l'Éternité. L'homme émerge des ténèbres, rit un instant dans la clarté de la lumière et disparaît : mais dans toutes ces vicissitudes, c'est l'Unique qui est manifesté, *Tao* est en tout. Ton âme, dans ce qu'elle a de plus profond, est *Tao*.

«Vois-tu le monde déployé devant toi, mon enfant?»

Et d'un geste plein de majesté, il désigna la mer.

De chaque côté les montagnes, fermes et massives, se détachaient nettement dans l'atmosphère – pareilles à des pensées solidifiées, fortement charpentées avec une énergie consciente –, et, dans le lointain, s'abandonnaient rêveuses aux effets tendres de la lumière et de l'air. Sur une pointe très haute se détachait un petit arbre isolé, au feuillage délicat, baigné de lumière. Le soir commençait à tomber, plein d'une sérénité douce; et une clarté rose, imprécise, mais vive encore, donnait un air de joie paisible aux montagnes bleues qui formaient contraste avec elle. Une aspiration paisible, un calme équilibre se dégageaient de toutes choses comme de l'atmosphère éthérée de la piété consciente. Et la mer montait lentement, doucement, glissant avec un ondoiement silencieux, approchant avec le calme irrésistible d'un aspect de l'Infini. La voile aux reflets d'or d'une petite barque glissait vers l'île: elle semblait si menue sur cet océan immense, si intrépide et si exquise! Tout était pur: nulle part aucune trace de rien qui fût vil.

Et avec la rare impulsion d'une joie puissante, je m'écriai :

— Oui, Maître, je le sens maintenant : ce que je cherche est partout. Je n'avais pas besoin de le chercher si loin, car Cela est tout près de moi, Cela est partout : Ce que je cherche, Ce que je suis moi-même, Ce qu'est mon âme. En vérité, c'est une révélation : Dieu est partout. *Tao* est en toutes choses.

— En effet, mon enfant ; mais ne t'y trompe pas, *Tao* est dans ce que tu vois, mais *Tao* n'est pas *ce* que tu vois. Ne pense pas que *Tao* soit visible à tes yeux. *Tao* n'éveillera pas la joie dans ton cœur et ne t'arrachera point de larmes, car tout ce que tu éprouves, toutes tes émotions sont relatives et non pas réelles.

« D'ailleurs aujourd'hui je ne t'en dirai pas plus à ce sujet. Tu n'es encore qu'au premier portail et tu n'aperçois que les premiers rayons de l'aurore. C'est déjà beaucoup que tu conçoives *Tao* comme présent en toutes choses. Cela rendra ta vie plus naturelle et plus confiante, car, crois-moi, tu es en sécurité dans les bras de *Tao* autant qu'un enfant dans les bras de sa mère. Et cela te rendra profondément grave, car tu te sentiras partout aussi sacré qu'un bon prêtre dans son temple. Désormais tu ne seras plus effrayé par les vicissitudes des choses, par la vie ni par la mort : car tu sais que la mort comme la vie émane de *Tao*, et c'est chose si simple que *Tao*, qui a pénétré ta vie, continue après ta mort à t'entourer sans cesse!

«Regarde ce paysage. Les arbres, les montagnes, la mer – ce sont tes frères aussi bien que l'air et la lumière. Observe comment la mer s'approche de nous, d'une manière spontanée, naturelle, pure «parce qu'il doit en être ainsi». Vois-tu cet arbuste sur la pointe là-bas qui se penche vers toi comme une petite sœur? Vois-tu le simple mouvement de ses feuilles menues? Eh bien, je vais te parler de *Wu Wei*,[1] de la «non-résistance», du «mouvement spontané» dirigé par l'impulsion qui est en toi telle qu'elle est née de *Tao*. Les

---

1. L'expression «*Wu Wei*», qui est en réalité intraduisible, a été rendue par les sinologues par le mot «inaction», comme s'il signifiait paresse, inertie. Il est absolument certain qu'il ne signifie pas «paresse»; il évoque plutôt l'idée d'action, d'activité, c'est-à-dire inactivité des passions et des désirs pervertis, non «naturels», et activité dans le sens du mouvement naturel qui procède de Tao. De même, nous trouvons dans le *Nan Hua King* le passage suivant: «Les cieux et la terre ne font rien (au sens mauvais du mot) et (cependant) il n'est rien qu'ils ne fassent.» La Nature entière consiste en *Wu Wei*, un mouvement naturel qui émane de *Tao*. En traduisant *Wu Wei* par «inaction», les sinologues sont donc arrivés exactement au contraire du sens du texte chinois.
Lao Tse lui-même ne s'étend pas davantage sur le sujet. Ce qui suit est ma propre interprétation du texte. Le premier chapitre de l'original n'occupa qu'une seule page du livre et contient seulement cinquante-neuf caractères. Rien ne montre mieux la surprenante subtilité et la concision du langage de Lao Tse qui a exprimé tant de choses en si peu de mots.

hommes seraient vraiment hommes *s'ils* laissaient leur vie couler d'elle-même comme la mer s'enfle, comme la fleur s'épanouit dans la simple beauté de *Tao*. Il y a dans tout homme une tendance au mouvement qui, procédant de *Tao*, tend à le ramener vers *Tao* : mais les hommes sont aveuglés par leurs sens et par leurs convoitises. Le plaisir, le désir, la haine, la réputation ou la richesse les excitent à l'effort. Leurs mouvements sont farouches et désordonnés, leur progression n'est qu'une série de sursauts furieux et de rechutes violentes. Ils se cramponnent à tout ce qui est irréel. Ils désirent trop de choses pour pouvoir désirer l'Unique. Parfois, ils désirent aussi être sages et bons, et c'est le pire de tout. Ils désirent en savoir trop.

« Le seul remède, le voici : il faut qu'ils retournent à la source d'où ils viennent. *Tao* est en nous. *Tao* est le repos, et c'est seulement par le renoncement au désir, même au désir de la bonté ou de la sagesse, que nous pouvons atteindre le repos. Oh ! ce désir de savoir ce qu'est *Tao* ! Cette recherche douloureuse de mots par quoi l'exprimer, pour essayer de le connaître ! Les vrais sages suivent l'enseignement sans paroles, celui qui reste inexprimé.[1] Et qui l'exprimera jamais ? Ceux qui savent (ce qu'est *Tao*) ne le disent point, ceux qui

---

1. Cette phrase est traduite du *Tao Teh King* (chap. II).

le disent ne le savent pas.[1] Moi-même, je ne te dirai pas ce qu'est *Tao*. C'est toi qui dois le découvrir, en te libérant pour cela de toute passion et de toute convoitise, en vivant avec une spontanéité absolue, exempte de tout effort qui ne soit pas naturel. Il faut approcher de *Tao* sans heurt ni effort, d'un mouvement aussi reposé que celui de ce vaste Océan. Il se meut – non pas qu'il veuille se mouvoir ou qu'il sache que cela est sage ou bon : il est mû involontairement, inconscient du mouvement. C'est ainsi que toi aussi tu retourneras en *Tao* et quand tu auras fait retour à Lui, tu ne le sauras pas, car tu seras devenu *Tao* toi-même. »

Il se tut et me regarda avec douceur. Il y avait dans ses yeux une clarté paisible, égale, comme la nuance des deux.

— Père, lui dis-je, ce que tu dis est beau comme la mer et semble aussi simple que la Nature ; mais elle n'est certes pas aussi aisée, cette absorption de l'homme en *Tao*, sans effort, inactive ?

— Ne prends pas un mot pour un autre, répondit-il. Par l'absence d'effort – *Wu Wei* –, Lao Tse ne voulait pas dire l'inaction vulgaire, la paresse aux yeux clos. Il voulait dire la relaxation de l'activité terrestre, du

---

1. À partir du 56ᵉ chapitre. Cette phrase se retrouve aussi au 15ᵉ chapitre du *Nan Hua King*.

désir, de la convoitise des choses irréelles : mais il exigeait l'activité dans les choses réelles ; cela implique un mouvement puissant de l'âme qui doit être affranchie de son triste corps comme un oiseau de sa cage. Il voulait exprimer une sorte d'abandon à la puissance directrice intérieure qui dérive de *Tao* et qui nous ramène à *Tao*. Et, crois-moi, ce mouvement est aussi naturel que celui du nuage qui passe au-dessus de nous.

Très haut, dans l'éther bleu, des nuages passaient au-dessus de nos têtes, voguant avec lenteur vers la mer. Ils resplendissaient d'une pureté merveilleuse, comme celle d'un grand amour sacré : doucement, ils dérivaient vers le lointain.

— Encore un moment et ils seront partis ; ils se seront évanouis dans l'immensité des cieux, dit le Sage ; et tu ne verras plus rien que le bleu éternel. C'est ainsi que ton âme sera absorbée en *Tao*.

— Ma vie déborde de péchés, lui répondis-je ; je porte un fardeau écrasant de sombres désirs, et il en est de même pour les hommes, mes frères. Comment notre vie pourrait-elle jamais flotter ainsi vers *Tao*, lumineuse, ramenée à sa plus pure essence) Elle est si alourdie par le mal qu'elle doit inévitablement sombrer dans la boue.

— Non, non, ne pense pas cela, repartit le Sage, qui souriait avec une affectueuse bienveillance. Aucun homme ne peut annihiler *Tao*, et la lumière impérissable de l'âme rayonne en chacun de nous. Ne crois pas que la perversité de l'homme soit si grande ni si puissante. L'éternel *Tao* habite en tous : dans le meurtrier et dans la courtisane aussi bien que dans le philosophe et dans le poète. Chacun porte en soi un trésor indestructible et nul n'est meilleur qu'un autre. On ne peut aimer l'un de préférence à l'autre, on ne peut bénir l'un et maudire l'autre. Ils sont aussi semblables dans leur essence que deux grains de sable sur ce rocher et nul ne sera banni de *Tao* pour l'éternité, car tous portent *Tao* en eux. Leurs péchés sont illusoires, irréels comme une vapeur. Leurs actes ne sont qu'une fausse apparence et leurs paroles s'évanouissent comme des songes éphémères. Ils ne peuvent pas être « mauvais », ils ne peuvent pas davantage être « bons » : irrésistiblement ils sont attirés vers *Tao* comme cette goutte d'eau vers la vaste mer. Cela peut prendre plus de temps pour les uns que pour les autres, mais c'est tout, et qu'importent quelques siècles en face de l'éternité ? Pauvre ami, est-ce que ton péché t'a rendu si craintif ? As-tu pu croire ton péché plus puissant que *Tao* ? As-tu pu croire le péché de l'humanité plus puissant que *Tao*? Tu as fait trop d'efforts pour devenir ce qu'on appelle «bon» et tu es arrivé à voir avec une fausse clarté ta propre méchanceté. Tu as trop désiré la bonté dans les autres aussi et leur péché t'a troublé sans raison : mais tout cela est apparence. *Tao* n'est ni bon ni mauvais : *Tao* est Réel. *Tao* seul *est*, et la vie des choses irréelles est une vie de faux contrastes, de fausses relations qui n'ont point d'existence indépendante et qui induisent grandement en erreur. Ainsi, par-dessus tout, ne désire pas être bon, et ne t'appelle pas «mauvais». *Wu Wei*, exempt d'effort, porté par la force inhérente en toi, voilà ce que tu dois être. Pas mauvais, ni bon – pas petit et pas grand –, point bas ni élevé non plus : et c'est alors seulement que tu *seras* en réalité, bien que, au sens ordinaire du mot, tu aies alors cessé d'être. Quand tu seras affranchi de toutes les apparences, de toutes tes convoitises et de tous tes désirs, tu seras entraîné par ton impulsion propre sans même avoir conscience que tu te meus, et cela – le seul véritable principe de la vie, qui est de se mouvoir de soi-même, libre et sans entraves, vers *Tao* – sera aussi aisé et aussi inconscient que la dissolution de ce petit nuage au-dessus de nous.

J'éprouvai un soudain sentiment de délivrance : ce n'était pas de la joie ni du bonheur ; c'était plutôt un sentiment très calme d'expansion, un élargissement de mon horizon de pensée,

— Père, lui dis-je, merci! La révélation de *Tao* que je te dois me communique déjà une impulsion qui semble me porter doucement en avant sans que je puisse la définir. Combien *Tao* est admirable! Avec toute ma sagesse, avec toutes mes connaissances, jamais je n'ai rien éprouvé de semblable auparavant.

— Ne parle pas de cette soif de sagesse, dit le Sage. Ne désire pas en savoir trop, c'est seulement ainsi que tu deviendras peu à peu capable de savoir par intuition : car les connaissances acquises par un effort qui n'est point naturel ne font qu'éloigner de *Tao*. Ne fais point d'effort pour connaître tout ce qui peut être connu sur les hommes et sur les choses qui t'entourent, ni surtout au sujet de leurs relations et de leurs contrastes. Par-dessus tout, ne cherche pas trop avidement le bonheur et ne t'effraie pas du malheur, car ils ne sont réels ni l'un ni l'autre. La joie n'est pas réelle, la souffrance pas davantage. *Tao* ne serait pas *Tao* si tu pouvais te le représenter comme souffrance ou comme joie, comme bonheur ou comme malheur : car *Tao* est un Tout, et il ne peut exister de contrastes en Lui. Écoute avec quelle simplicité Chuang Tse l'a exprimé : « La plus grande des joies c'est... point de joie ». Et la souffrance aussi aura cessé d'être pour toi. Ne crois jamais que la souffrance soit une chose réelle, un élément essentiel de l'existence. Tes souffrances s'évanouiront un jour de ta vie comme les brumes s'évanouissent de la montagne ; car un jour tu comprendras combien tous les faits de l'existence sont naturels et spontanés. Tous les grands problèmes qui te semblaient remplis de mystère et d'obscurité deviendront *Wu Wei*, entièrement simples, sans résistance, et cesseront d'être un objet de perplexité pour toi : car tout procède de *Tao*, tout fait naturellement partie du système grandiose qui est sorti d'un Principe unique. Alors, rien n'aura plus le pouvoir de te troubler ni de te réjouir. Tu ne riras plus et tu auras cessé de pleurer. Je vois un doute dans ton regard, comme si tu me trouvais trop dur, trop froid ; mais quand tu seras parvenu un peu plus loin, tu comprendras que cela indique l'harmonie parfaite avec *Tao*. Alors, quand tu envisageras la souffrance, tu comprendras qu'elle doit disparaître un jour, parce qu'elle est irréelle. Envisageant la joie, tu comprendras qu'elle n'est qu'une joie imparfaite et mêlée d'ombres, qui dépend du moment et des circonstances, et qui tire son apparente existence d'un contraste avec la douleur. Devant un homme de bien, tu trouveras entièrement naturel qu'il soit ce qu'il est et tu pressentiras combien il sera meilleur quand il aura cessé de représenter le type conventionnel de la bonté. Tu regarderas un criminel avec un calme entier, sans amour spécial ni haine particulière, car il est ton compagnon en *Tao* et son crime est impuissant à annihiler *Tao* en lui. Alors, pour la première fois, quand tu seras devenu *Wu Wei* – non-existant au sens humain vulgaire du mot –, tout ira bien pour toi et tu traverseras ta vie d'un mouvement aussi naturel que celui de la vaste mer devant nous. Rien ne troublera ta paix. Ton sommeil sera sans rêve et ta conscience du moi ne t'apportera point de soucis.[1] Tu verras *Tao* en toutes choses, tu seras un avec tout ce qui existe ; tu te sentiras aussi intime avec la nature entière qu'avec toi-même : et traversant avec une calme soumission les alternances du jour et de la nuit, de l'été et de l'hiver, de la vie et de la mort, tu entreras un jour en *Tao*, en qui il n'y a plus d'alternances et dont tu es issu naguère, aussi pur que quand tu retourneras en lui.

— Père, ce que tu dis est simple et contraint à croire ; mais la vie m'est encore si chère ! Et j'ai peur de la mort. Je crains encore aussi que mes amis ne meurent, ou ma femme, ou mes enfants. La mort me paraît

---

1. Cette phrase est exprimée à peu près comme suit au 6e chapitre du *Nan Hua King* : « Les véritables hommes des âges primitifs dormaient sans rêves et leur conscience d'eux-mêmes était exempte de soucis. »

si sombre, si morne ; et la vie est radieuse, oh ! si radieuse, avec le soleil et la terre verte et fleurie...

— C'est parce que tu ne sais pas encore sentir ce qu'il y a de parfaitement naturel dans la mort, d'aussi naturel en réalité que dans la vie. Tu attaches trop d'importance à ce corps insignifiant et au tombeau où il faut qu'il descende : mais c'est là l'impression du prisonnier que trouble, au moment d'être affranchi, l'idée de quitter la cellule sombre où il a vécu si longtemps. Tu aperçois la mort par contraste avec la vie et tous deux sont irréels, tous deux sont un changement et une illusion : mais ton âme ne fait que glisser d'une mer connue dans un océan ignoré. Ce qui est réel en toi – ton âme – ne peut périr et ne participe pas à cette crainte. Il faut vaincre à jamais cette terreur, ou mieux encore, il arrivera, quand tu seras plus âgé, quand tu auras vécu spontanément, naturellement, en suivant les impulsions de *Tao*, que tu cesseras de toi-même de la sentir. Tu ne te lamenteras plus alors sur ceux qui sont entrés dans le repos avant toi, à qui tu seras réuni un jour sans savoir que tu es réuni à eux, parce que ces contrastes auront cessé de t'être apparents...

« Il arriva jadis que la femme de Chuang Tse mourut, et Hui Tse trouva le veuf paisiblement assis à terre et passant le temps, suivant sa coutume, à frapper un gong. Comme Hui Tse lui laissait voir qui interprétait sa conduite comme de l'indifférence, Chuang Tse lui répondit : 'La manière dont tu l'envisages n'est pas naturelle. D'abord, il est vrai, j'ai été troublé : il ne pouvait en être autrement, mais après quelque réflexion, je songeai qu'à l'origine elle n'était pas dans cette vie et qu'en ce temps, non seulement elle n'était pas née, mais elle n'avait point de forme, que non seulement elle n'avait point de forme, mais encore que dans cette absence de forme aucun germe de vie n'avait encore pénétré, que néanmoins alors, comme dans un sillon réchauffé par le soleil, l'énergie vitale a commencé à s'éveiller, que l'énergie vitale a développé une forme et que la forme donna lieu à naissance. Aujourd'hui, une autre vicissitude s'est accomplie et elle est morte : cela ressemble à la succession des quatre saisons, printemps, été, automne, hiver. Elle dort en paix dans la Grande Demeure. Si je pleurais et me lamentais, j'agirais comme si l'âme de tout cela n'était pas entrée en moi : c'est pourquoi je ne le fais plus.' »[1]

---

1. Cet épisode est traduit de la 18ᵉ section du *Nan Hua King*. Par l'expression «la grande demeure», Chuang Tse voulait évidemment désigner l'univers : l'idée de demeure, de «*home*» donne à ce passage quelque chose de familier et d'intime, comme si Chuang Tse avait le sentiment que les morts sont dans leur séjour comme l'homme dans sa demeure. H. Giles traduit par «l'Éternité», dont il n'est pas question dans le texte chinois, et sa traduction perd ainsi la nuance de confiance qui rend si touchantes les paroles de Chuang Tse (cf.

Il parlait en toute simplicité et d'un ton qui montrait combien tout cela lui paraissait naturel; mais ce n'était pas encore clair pour moi et je lui dis:

— Je trouve cette sagesse terrible: elle me fait presque peur. La vie me semblerait tellement froide et vide si j'étais sage à ce point!

— La vie *est* en effet froide et vide, répondit-il tranquillement, sans aucune trace de dédain dans le ton de sa voix. Et les hommes sont aussi décevants que la vie elle-même. Il n'en est pas un qui se connaisse, pas un qui connaisse les hommes, ses frères, et cependant ils sont tous semblables. En fait, la vie n'existe pas: elle est irréelle.

Je restai les yeux plongés dans le crépuscule qui descendait, incapable de rien ajouter. Les montagnes semblaient dormir paisiblement, dans la tendre clarté veloutée des brumes légères du soir, reposant sous le large ciel comme de tout petits enfants. Des lumières rouges indistinctes scintillaient faiblement au-dessous de nous et, dans le lointain, montait un chant triste et monotone, accompagné de la plainte d'une flûte. Dans les profondeurs de l'obscurité, la mer reposait dans sa majesté, et la rumeur de l'infini emplissait tout.

Chuang Tsy, par H. Giles, Londres, Bernard Quarlitch, 1889). L'expression originale est *Ku Shih*, c'est-à-dire «Grande Demeure».

Alors une grande tristesse s'éleva en moi et des larmes montèrent à mes yeux, tandis que je lui demandais avec une insistance passionnée :

— Que fais-tu donc de l'amitié et de l'amour ?

Il me regarda : je ne le voyais plus distinctement dans la nuit, mais une lumière étrangement douce brilla dans ses yeux et il me répondit de sa voix paisible :

— Ils sont de beaucoup ce que l'existence contient de meilleur. Ils ne font qu'un avec le premier tressaillement de *Tao* dans ton être ; mais un jour viendra où ils ne seront pas davantage pour toi que ne sont les rives d'un fleuve à ses flots quand ils se sont perdus dans l'océan. Ne crois pas que je veuille t'enseigner à bannir l'amour de ton cœur, car ce serait aller à l'encontre de *Tao*. Aime ce que tu aimes et ne te laisse pas égarer par l'idée que l'amour est un obstacle et te tient captif. Exiler l'amour de ton cœur serait un acte insensé et bas et t'éloignerait plus de *Tao* que tu ne l'as jamais été. Je dis seulement que l'amour s'évanouira un jour de lui-même sans que tu le saches et que *Tao* n'est pas l'Amour. N'oublie pas toutefois que, autant que je le désire et autant qu'il est bon pour toi, je te parle de l'aspect le plus haut des choses. Si je parlais seulement de cette existence et des hommes, je dirais que l'amour est au-dessus de tout ; mais pour celui qui est retourné en *Tao*, l'amour appartient au passé oublié.

« Il se fait tard et je ne veux pas te donner trop à penser dès l'abord. Tu désires sans doute passer la nuit dans le Temple et je vais préparer ta couche. Viens avec moi et prends bien garde en descendant la montagne. »

Il alluma une petite lampe et me tendit la main pour me guider. Nous avançâmes à petits pas : il veillait sur moi comme si j'avais été son enfant ; chaque fois que la pente devenait rapide il éclairait mon chemin et me faisait avancer doucement, surveillant chacun de mes mouvements.

Arrivés au pied de la montagne, il me montra la petite chambre réservée aux mandarins de passage[1] et me chercha un coussin et une couverture.

— Père, lui dis-je, je te remercie du plus profond de mon cœur. Pourrai-je jamais te montrer ma gratitude ?

Il me regarda, paisible, et son regard était grand comme la mer. Il était calme et doux comme la nuit. Il me sourit et ce fut comme la lumière riant sur la terre. Et il me quitta sans rien dire.

---

1. La plupart des temples contiennent une chambre où les mandarins logent, et où les voyageurs européens peuvent en général passer la nuit, probablement davantage.

無
為

Chapitre II

L'ART

« Qu'est-ce que l'Art? demandai-je au Sage. »

Nous étions assis au flanc de la montagne, à l'ombre d'un rocher surplombant. La mer s'étendait devant nous, scintillement illimité de lumière sous la splendeur du soleil. Lentement des voiles dorées glissaient à sa surface; les mouettes blanches au vol léger passaient et repassaient en décrivant leurs nobles courbes; de grands nuages d'une pureté de neige montaient à l'horizon et voguaient dans le bleu avec une lenteur majestueuse.

— L'art est chose aussi naturelle que la mer, les oiseaux et les nuages, répondit le Sage. Tu n'auras pas autant de peine, je crois, à le comprendre et à le sentir qu'à comprendre et sentir *Tao* : il te suffira de regarder autour de toi : la Poésie est aussi ancienne que le Ciel et la Terre.[1]

1. Le passage suivant, jusqu'à la fin de la phrase « La poésie est la musique du cœur », a été extrait et traduit par moi de la préface écrite par

«La Beauté prit naissance en même temps que le Ciel et la Terre. Le soleil, la lune, les brumes rougissantes de l'aube et du crépuscule s'illuminent les uns les autres et cependant, si infiniment variés, si merveilleux que soient les aspects que présentent ces grands phénomènes de la nature, il n'y a pas de couleurs pour les colorer comme on teint les étoffes. Tous les phénomènes du monde donnent naissance à des sons en se produisant et tout son implique quelque mouvement qui en est la cause: entre tous les sons, les plus grandioses sont ceux du vent et du tonnerre.

«Écoute le torrent qui, à travers les rochers, se précipite en bas de la montagne. Pour peu qu'il coule, sa voix se fait entendre, haute ou basse, brève ou prolongée, non pas exactement d'après les règles de la musique, il est vrai, mais elle a son rythme et sa loi. C'est la voix naturelle (spontanée) du Ciel et de la Terre, la voix qui naît du mouvement.

«Eh bien, quand le cœur humain est dans ses dispositions les plus pures, quand la flamme de l'intelligence est la plus vive, si le cœur est ému, il exhale un son lui aussi. N'est-ce pas une métamorphose merveilleuse que de cela naisse la littérature?»

Ong Giao Ki pour son édition de *La Poésie de la Dynastie Tang*. Ong Giao Ki vécut pendant la première moitié du XVIIIᵉ siècle.

— La Poésie est donc la musique du cœur ?

— Certes. C'est tout naturel et tu dois avoir senti qu'il en est ainsi. La Poésie se révèle dans tout à l'oreille et aux yeux, car la Nature entière est un sublime poète : et c'est à cause de sa simplicité même qu'elle est si stricte et si immuable. Quand naît le mouvement, la musique du poème s'épanche d'elle-même ; aucun autre son n'est poésie. Il faut que le son naisse de lui-même, *Wu Wei* ; il ne peut être engendré par aucun artifice. Nombreux, bien nombreux sont ceux qui, par un mouvement contraint, produisent des sons forcés, mais ce ne sont pas des poètes : ils ressembleraient plutôt à des singes et à des perroquets. Ils sont rares en vérité les véritables poètes, ceux dont les vers jaillissent d'eux-mêmes, mélodieux, puissants comme le grondement du torrent parmi les rochers, comme le roulement du tonnerre dans les nuages, doux comme le murmure d'une ondée au crépuscule, comme le souffle léger d'une brise de nuit d'été. Écoute, écoute la mer à nos pieds ! N'est-ce pas qu'elle chante un chant merveilleux ? N'est-ce pas un véritable poème ? N'est-ce pas une pure musique ? Vois comme les vagues ondoient dans leur incessante mobilité, l'une après l'autre, l'une par-dessus l'autre ; leur ondoiement avance, avance toujours, plus loin, toujours plus loin ; elles ne reculent que pour s'évanouir encore dans un murmure musical. Entends-tu leur assaut rythmé ? Oh ! un poète doit être grand et simple, comme la mer. Son mouvement intérieur, comme celui de la mer, est une impulsion émanée de *Tao* : il faut qu'il s'y abandonne, paisible, sans résistance, docile comme un enfant. La mer est grande, très grande ; le poète est grand lui aussi, très grand ; mais plus grand, plus grand encore est *Tao* qui n'a point de grandeur.

Il se tut, écoutant la mer, et je vis combien sa musique pénétrait profondément en lui.

J'avais longtemps réfléchi depuis ses premières paroles sur le *Tao*. Je craignais que sa haute et sublime philosophie n'impliquât la mort pour l'artiste : en m'adonnant à cette sagesse qui était sienne, je redoutais de devenir moi aussi incapable de ressentir la pure inspiration du poète et d'être ravi désormais comme un enfant à la vue de la beauté.

Cependant je le voyais ici plongé dans la plus pure extase, comme s'il contemplait la mer pour la première fois ; pénétré de vénération, les yeux pleins de lumière, il écoutait le chant des vagues.

— N'est-ce pas beau ? reprit-il. N'est-ce pas admirable, ce son émanant de *Tao* qui n'a point de son,

cette lumière rayonnant de *Tao* qui n'a point de lumière, cette musique de la parole, les vers, née de *Tao*
qui n'a point de parole ? N'est-ce pas que nous vivons
dans mystère sans bornes – un mystère qui se résoudra
un jour dans la claire vision de la vérité absolue ?

Je restai longuement silencieux, sans parvenir encore
à saisir complètement sa pensée. Elle me semblait trop
simple pour moi et, plein de doute, je lui demandai :

— Se peut-il qu'il soit aussi aisé de faire et de chanter des poèmes ? Il n'est certainement pas aussi facile
pour nous de faire des vers que pour le torrent de se
précipiter entre les rochers. N'est-il pas nécessaire de
nous exercer d'abord et de posséder la technique de la
versification et n'est-ce point là une action volontaire
plutôt qu'un mouvement spontané ?

Ma question ne l'embarrassa point, car il me répondit aussitôt :

— Que cela ne te trouble point : un homme porte
ou ne porte pas en lui la véritable source d'où les vers
doivent jaillir, tout est là. La pure impulsion qui pro-
vient de *Tao* est-elle en lui ou le « motif » de sa vie
est-il quelque chose de moins simplement beau ? S'il
porte en lui cette source, il est poète ; sinon, il ne l'est
pas. Dès maintenant, tu as certainement compris que,

considérés d'un point de vue élevé, tous les hommes en réalité sont poètes, car, je te t'ai dit, l'impulsion essentielle et originale qui émane de *Tao* et retourne à Lui existe dans tous les hommes; mais cette impulsion se rencontre rarement assez prompte et assez fortement développée pour douer un homme de la perception de ces révélations supérieures de la beauté grâce auxquelles le courant de sa vie s'échappe entre les rives qui l'emprisonnent et s'épanche jusqu'à ce qu'il se perde dans l'éternité sans limites. La même idée peut encore se traduire ainsi : les hommes ordinaires sont pareils à l'eau stagnante dans un terrain marécageux, au milieu d'une pauvre végétation, tandis que les poètes sont des courants limpides qui coulent parmi les splendeurs de leurs rives luxuriantes, vers l'océan infini. Mais il vaudra mieux que je m'explique moins par images, car elles ne parlent pas assez clairement pour toi.

«Tu voudrais savoir si l'homme qui possède la véritable inspiration du poète ne doit pas s'astreindre à certaines préparations techniques pour se guider dans son art ou si au contraire c'est entièrement par lui-même qu'il s'y meut, pareil à la nature. Sans nul doute, c'est cette dernière idée qui est juste. N'oublie pas en effet qu'un jeune poète, après avoir étudié pendant peu de temps les diverses formes de vers, arrive tout à coup à les trouver si naturelles qu'elles lui ôtent toute inclination pour aucune autre. Ses vers prennent une forme belle, involontairement, simplement parce que tout autre mouvement lui serait étranger. C'est précisément la différence entre le poète et le dilettante : le poète chante ses vers spontanément, en s'abandonnant à sa propre impulsion et ensuite, quand il les examine, il reconnaît que tout en eux – le son, le rythme, le mouvement d'ensemble – est juste ; au contraire, le dilettante, après avoir choisi une forme de vers parmi les types consacrés par les artistes, cherche à y faire pénétrer de force une succession de mots sans âme ; les paroles pleines d'âme du poète s'épanchaient d'elles-mêmes, précisément parce qu'elles étaient pleines d'âme ; et, si nous envisageons les choses sous leur véritable aspect, il n'y a point de formes poétiques immuables et définitives, il n'y a même absolument aucune loi, car des vers qui jaillissent spontanément de leur source se meuvent d'eux-mêmes et sont indépendants de tous les types humains conçus précédemment. La seule loi est qu'il n'y a point de loi.

« Peut-être trouveras-tu cette idée trop osée, jeune homme ? Souviens-toi cependant que mes démonstrations ne sont pas empruntées aux hommes, mais dérivent de *Tao* et qu'au surplus je ne connais que très peu de véritables poètes. Les hommes aussi simples, aussi purs que la Nature sont rares en vérité. Penses-tu qu'ils soient nombreux dans ton pays ? »

Cette question inattendue m'embarrassa et je me demandai à quoi elle tendait. Il était pénible en outre de répondre, aussi lui posai-je d'abord une autre question.

— Maître, je ne puis te répondre avant que tu ne m'en aies dit davantage. Pourquoi le poète fait-il des poèmes ?

Cette question parut l'étonner au plus haut point, car il la répéta comme s'il doutait d'avoir bien entendu.

— Pourquoi le poète fait-il des poèmes ?

—Oui, Maître, pourquoi ?

Il se mit à rire franchement et répliqua :

— Pourquoi la mer gronde-t-elle ? Pourquoi l'oiseau chante-t-il ? Le sais-tu mon enfant ?

— Parce qu'ils ne peuvent s'en défendre, Père, parce qu'il faut qu'ils donnent cours de cette manière à leur nature. C'est *Wu Wei*.

— Sans doute. Eh bien, pourquoi en serait-il autrement pour le poète?

Je réfléchis un instant, mais la réponse ne vint qu'avec difficulté.

— En effet, mais il pourrait cependant en être différemment. Un poète peut chanter pour créer une littérature quand elle fait défaut ou pour la rénover et l'enrichir quand elle est en danger de périr. De tels motifs ont bon air, mais ne sont point sans mélange. Certains poètes chantent aussi pour atteindre la gloire, pour être célèbres, pour être couronnés de lauriers ou pour attirer le sourire des jeunes filles aux yeux limpides qui devant eux jonchent de fleurs leur chemin.

— Il faut t'exprimer avec plus d'exactitude, répondit le Sage, et ne pas profaner des mots qui, parmi des milliers d'autres, doivent être tenus pour sacrés pardessus tous, car les poètes qui chantent pour de semblables raisons ne sont nullement des poètes. Un poète chante parce qu'il a le don de chanter; s'il obéit à quelque mobile pour chanter, il devient un dilettante.

— Mais, Père, après avoir chanté avec la même simplicité que l'oiseau, est-il possible qu'ensuite un poète prenne plaisir aux lauriers et aux roses? Qu'il jalouse et haïsse ceux qui portent des lauriers dont il se croit digne ? Qu'il mente aux convictions de son âme et appelle la beauté laideur, méprisant la beauté qu'il a lui-même créée ? Peut-il appeler odieux ce qui est beau, parce que les lauriers viennent de mains qui ne lui sont pas agréables ? Peut-il se draper dans un costume d'emprunt et viser à agir autrement que les autres hommes pour se mettre en vue par son originalité ? Peut-il se croire meilleur que les autres ? Peut-il serrer les mains vulgaires qui l'applaudissent et peut-il haïr ceux qui le raillent au lieu de le couronner de fleurs ? Comment expliques-tu que tout cela se produise ? Cela paraît si étrange en comparaison de la simplicité de l'oiseau et de l'océan !

— Ami, toutes ces questions sont une réponse à ma question, car tes demandes suffisent à prouver que les poètes ne sont pas nombreux dans ton pays. Souviens-toi que je comprends et emploie le mot poète dans son sens le plus pur et le plus haut. Un poète ne peut vivre que pour son art qu'il aime en tant qu'art, et non pas comme un moyen de s'assurer de vagues satisfactions terrestres. Un poète envisage les hommes et les choses dans ce que leur nature et leurs rapports ont de plus simple, et d'une manière si simple qu'il approche très près de la nature de *Tao*. Les autres hommes ne distinguent les hommes et les choses que confusément et comme à travers un brouillard ; le poète aperçoit cela comme un fait incontestable : dès lors comment pourrait-il attendre que sa simplicité soit comprise par l'esprit confus du public ? Comment pourrait-il nourrir des sentiments de haine et de chagrin quand le public le raille ? Quel plaisir pourrait-il éprouver quand il veut le couronner ? Il en est ici comme des quatre « saisons » de Chuang Tse. Il n'y a rien de particulièrement troublant dans tout cela parce que c'est le cours naturel des choses ; par suite, le poète n'est ni désespéré quand il n'est pas écouté ni exultant quand le monde le fête. Il considère l'état des choses, en ce qui concerne la multitude et la manière dont elle se comporte vis-à-vis de lui, comme un effet naturel dont la cause lui est bien connue. Le jugement de la masse ne lui est même pas indifférent, car il n'existe pas pour lui. S'il chante ses vers, ce n'est pas à l'intention du public, mais parce qu'il ne peut s'en empêcher. Le bruit des commentaires des hommes sur son œuvre lui échappe entièrement, et il ne sait pas s'il est célèbre ou oublié. « La plus grande célébrité est de n'être pas célèbre. »

« Tu me regardes, jeune homme, comme si je disais des choses plus étranges que tu n'as jamais osé en rêver ; et cependant je ne te dis rien que la plus simple vérité, simple et naturelle comme la vérité d'un paysage ou de la mort. Tu viens seulement de te soustraire à l'intense pression de l'existence que mènent tes compatriotes, et c'est pourquoi tu n'as encore jamais vu la véritable simplicité ; trop longtemps tu n'as entendu parler de rien d'autre que de gloire, de profits, d'honneurs et d'immortalité, et, d'après tes notions, tout cela peut paraître aussi indispensable que l'air et aussi réel que ton âme : ce n'est pourtant que faux semblant et illusion. Les poètes que tu as connus avaient peut-être la fibre des vrais poètes, mais ils avaient été détournés de l'impulsion tirée de *Tao*, qui était le principe de leur vie ; ils n'étaient pas restés eux-mêmes et, par faiblesse, ils étaient retombés dans la nature des hommes quelconques, si bien qu'ils en étaient venus à se comporter comme eux, mais seulement avec plus d'intensité. Voilà ce que je tire de tes questions ; mais ces hommes ne sont plus des poètes et désormais ils ne chanteront plus de véritables poèmes aussi longtemps qu'ils resteront ce qu'ils sont devenus, car la plus faible déviation de l'impulsion originelle suffit à éteindre en eux la poésie. Il n'y a d'autre voie que la voie directe, une et simple comme une jeune fille, sans détour, comme la ligne droite, et cette voie est la spontanéité. Hors d'elle, il n'y a que fausse activité et manque de naturel; hors d'elle sont aussi les grands chemins qui mènent à la gloire et à la célébrité, mais où se rencontrent meurtres et suicides, où l'ami verse le sang de l'ami pour mieux atteindre ses propres fins. La ligne droite trace sa voie propre, sans déviations ni détours secrets, dans une simple continuité vers l'infini.

«Tu comprendras maintenant que, par la nature même des choses, toutes les situations que tu citais et qui feraient du poète une victime livrée au caprice de la foule deviennent impossibles. Tu as probablement lu, dans l'histoire de ton pays comme dans celle du mien, que des poètes sont morts de douleur parce que la justice ne leur était pas rendue, que d'autres ont mis fin à leur existence à cause de dédains qu'ils ne méritaient pas. Certes, j'ai toujours ressenti ce que ces cas ont de tragique, mais j'ai compris en même temps que de tels poètes ne peuvent pas être appelés vraiment grands; et, bien entendu, je ne parle pas seulement des artistes de la parole, mais de tous les artistes. Veux-tu que je te montre maintenant l'œuvre d'un artiste aussi simple et vrai qu'on peut concevoir un homme? Viens avec moi.»

Il me conduisit dans une petite chambre de sa

chaumière, une cellule aux murs blancs, sans autres meubles qu'une couchette, une table couverte de livres et quelques sièges. Ouvrant une porte ménagée dans le mur, il en tira une cassette de bois qu'il prit avec autant de précautions qu'un objet sacré ou un petit enfant. Il la déposa doucement sur le sol, leva le couvercle et en retira une sorte de reliquaire fermé, en bois rouge brun, qu'il plaça sur la table.[1]

— Regarde d'abord ce coffret, dit-il, comme il est beau ! Une belle chose doit avoir un beau cadre. Et vois ! ses battants sont fermés : n'est-ce pas une heureuse idée de pouvoir protéger ce qu'il contient des regards profanes ? Mais devant toi, je puis certes les ouvrir.

Et les deux battants du coffret s'ouvrirent.

Sur un fond de soie bleu pâle apparut une grande statue, radieuse, rayonnante d'une clarté merveilleuse qui émanait d'elle-même : c'était le Bouddha Kwan Yin assis sur un lotus qui se dressait, droit et gracieux, entrouvert au-dessus du tumulte de vagues furieuses.[2]

---

1. Les Chinois ont coutume de conserver leurs trésors avec ce soin. Les images anciennes du Bouddha sont généralement placées dans un reliquaire garni de soie. Le reliquaire demeure dans un coffret de bois et celui-ci est enveloppé d'étoffes. On l'ouvre dans de grandes occasions.

2. Les images de ce genre ne sont pas une invention de l'auteur : il en

— Comprends-tu la simplicité absolue et la beauté de cette œuvre? demanda-t-il, et sa voix disait un grand amour plein de tendresse. N'est-ce pas l'incarnation du calme absolu? Comme le visage est serein, comme il est merveilleusement tendre et cependant profondément grave avec ses yeux fermés dont le regard intérieur plonge dans l'infini. Regarde ses joues, comme elles sont douces et délicates. Regarde la bouche et la courbe sublime des sourcils et la pureté de la perle qui rayonne au milieu du front,[1] symbole de l'âme qui prend son essor loin du corps. Et le corps, il a peu de lignes, mais vois, quel amour infini et quelle compassion dans l'attitude du bras gauche qui retombe, et le bras droit levé avec deux doigts réunis, comme dans la prédication, quelle sainteté ineffable il évoque! Et vois, quelle douceur malgré la force et la maîtrise immenses qui se dégagent de l'ensemble, avec quelle grâce subtile les pieds renversés s'incurvent!

«N'est-ce pas la quintessence du bouddhisme recueillie dans une seule figure? Il n'est pas nécessaire d'avoir rien lu du bouddhisme pour pénétrer ici son sens le plus intime: le repos, n'est-ce pas l'image du repos absolu, ce visage idéalement pur qui regarde

---

existe et l'auteur en possède une.

1. L'Âme perle, «Durmâ».

avec ce calme dans l'éternité ? Et l'amour, n'est-ce pas l'amour absolu du monde, cette simple attitude du bras ? Et l'essence de la doctrine entière, n'est-elle pas saisie et exprimée dans le geste des doigts levés ?

« Et la substance dont une telle figure est faite ? Je ne sais si tu te rends compte qu'un pareil artiste doit avoir travaillé pendant des années et des années encore avant d'obtenir la substance si pure et si éthérée qu'il lui fallait ! Car la pierre est si dure, et l'idée qu'elle évoque, c'est la matière : tout cela convient mal à la représentation plastique de cette conception idéale : le repos. Aussi l'artiste a-t-il travaillé toutes sortes de substances communes, l'argile, le sable et la terre ; il les a transformées, par une combinaison convenable et harmonieuse avec des pierres fines, des perles et du jade, en des substances précieuses. C'est ainsi que la substance de cette figure, cessant d'être matérielle, est devenue plutôt l'incarnation d'une idée sublime. L'artiste a voulu symboliser aussi dans son œuvre l'aurore rose qui vint illuminer l'humanité quand parut le Bouddha : c'est pourquoi il a introduit cette nuance de rose dont le reflet léger perce à travers la blancheur neigeuse de sa porcelaine, semblable à celle qui se joue dans les nuages du matin avant que n'éclate la splendeur du soleil levant. Est-ce que cette clarté naissante, à peine indiquée, n'est pas émouvante, plus que la lumière elle-même?

Aperçois-tu cette coloration rose, indéfinissable et pourtant nette, qui rayonne à travers la blancheur? N'est-elle pas chaste comme la première rougeur d'une vierge? N'est-ce pas l'amour divin de l'artiste que nous voyons réchauffer la pureté du blanc? Une image comme celle-ci n'est en réalité plus une image: l'idée de matière disparaît entièrement: c'est une inspiration. »

Je restai longtemps trop ému pour parler: plus encore que la sagesse du vieillard, je sentais la beauté de cet art prendre possession de mon âme et la purifier. Enfin, je lui demandai doucement:

— Qui a créé cette merveille? Je serais heureux de savoir son nom pour le vénérer en même temps que le tien.

— Ami, cela n'a guère d'importance, répondit-il. L'âme qui fut en cet artiste est rentrée en *Tao* comme la tienne y entrera un jour. Son corps est tombé en poussière comme les feuilles d'un arbre, comme fera le tien aussi à son heure. Quelle importance peut-on donc attacher à son nom? Je te le dirai cependant: il s'appe-

lait Tan Wei.[1] Il a inscrit son nom en caractères fine-
ment tracés au dos de la statue, comme c'était l'usage
en son temps. Qui était-il ? Certainement un modeste
artisan qui ne se doutait pas qu'il fût un tel artiste,
qui ne se tenait pas pour autre chose qu'un simple
paysan et n'avait pas la moindre idée que son œuvre
fût si belle ; mais il doit avoir longtemps contemplé
les cieux et les nuages, aimé l'immensité des mers, les
paysages et les fleurs, sinon il n'aurait jamais eu un
sentiment si délicat, car des lignes si simples et des
couleurs si pures ne se trouvent que dans la nature.
Il n'a certainement pas été célèbre : tu ne trouveras
son nom dans aucune histoire. Je ne pourrais te dire
d'où il vint, comment il vécut ni jusqu'à quel âge. Je
sais seulement que depuis plus de quatre-cents ans il
n'a plus été produit d'œuvres de ce genre et que les
connaisseurs attribuent celle-ci à la première moitié
de la dynastie Ming. Il est probable que cet artiste
a mené paisiblement le même genre de vie que ses
semblables, qu'il a travaillé diligemment comme un

---

1. L'image que possède l'auteur est de Tan Wei. Ho Chao Tsung fut un
autre grand artiste dont l'auteur a pu à grande peine acquérir plusieurs
œuvres. Tout artiste connaît bien ces noms, mais je me suis efforcé en
vain de recueillir de plus amples détails à leur sujet. Ces artistes sont
devenus célèbres après leur mort ; toutefois ils ont vécu si simplement
et si inconnus que nul ne se rappelle même leur lieu de naissance. On
recueille des conjectures, mais je n'ai pu arriver à rien de certain.

ouvrier ordinaire et qu'il est mort humblement, sans
avoir conscience de sa grandeur; mais son œuvre est
restée, et cette image qu'un hasard heureux a fait venir
dans ce district, où les dernières guerres n'ont pas exer-
cé leurs ravages, est encore telle qu'il l'a faite. Et telle,
elle peut encore durer pendant des siècles et des siècles
avec sa majesté vierge. Oh! créer une chose semblable,
avec une pure simplicité inconsciente, voilà qui est
être poète. Voilà l'art qui date non pas d'une époque,
mais de l'éternité. Que c'est beau, n'est-ce pas? Cette
porcelaine presque indestructible, ce rayonnement
qui ne s'éteint jamais! L'œuvre est ici, sur cette terre,
si durable, et cependant si délicate, et elle demeure-
ra ainsi longtemps après que nos successeurs seront
morts... et l'âme de l'artiste est avec *Tao*.

Longtemps nous restâmes, contemplant l'image,
puis il reprit avec précaution le coffret.

— Elle est si délicate, dit-il, que j'ose à peine l'expo-
ser au grand jour. Pour un tel miracle de tendre délicatesse, aussi éthérée que l'âme, la lumière du jour est
trop dure. J'éprouve une sorte de crainte que soudain
la lumière ne la réduise en poussière ou ne la dissolve
comme un nuage léger, tant elle ressemble à l'âme par
sa composition.

Et, avec un soin infini, il replaça le coffret dans la

cassette qu'il referma.

Il sortit en me précédant et nous nous assîmes à l'ombre du rocher surplombant.

— Que ce serait beau, m'écriai-je, si tout homme était capable de créer des œuvres semblables, en toute simplicité, et pouvait s'en entourer partout!

— Tout homme?... répondit-il. Oh! c'est peut-être beaucoup demander, mais il fut un temps où ce grand empire était un vaste temple de l'Art et de la Beauté. Tu peux encore en apercevoir les traces ici, en Chine. À cette époque, ce peuple se composait pour la plupart d'artistes à l'esprit simple. Les objets dont ils étaient entourés étaient tous beaux, les plus petits comme les plus grands, que ce fût un temple, un jardin, une table, un siège ou un couteau. Examine les tasses à thé si fines ou les petits encensoirs de cette époque. Le plus pauvre coolie se servait pour manger d'ustensiles aussi parfaits dans leur genre que ma statue de Kwan Yin. On faisait beaux tous les objets, et cela involontairement. Les simples artisans ne se considéraient naturellement pas comme des artistes ou comme différents en aucune manière de leurs congénères: aucune rivalité mesquine ne pouvait s'élever entre eux, ou sinon c'eût été la fin de leur art. Tout était beau, parce que leur esprit à tous était simple et sans partage et parce qu'ils travaillaient honnêtement. Il était aussi naturel alors que les choses fussent belles qu'il est naturel aujourd'hui qu'elles soient laides. L'art de la Chine est tombé à son niveau le plus bas : c'est la conséquence de sa misérable condition sociale. Tu as certainement remarqué que l'art du pays dégénère, et cela, c'est le signe de mort de ce grand Empire, car l'art accompagne inséparablement l'épanouissement de la vie d'un pays. Si l'art dégénère, le pays entier dégénère : je ne parle pas du point de vue politique, mais plutôt du point de vue moral, car un peuple moralement fort et simple de cœur donne involontairement naissance à un art puissant et sain. Oui, ce que tu disais est vrai : combien l'existence des hommes serait meilleure s'ils pouvaient se créer un entourage meilleur, et comme il est extraordinaire que cela ne soit pas, car la Nature leur demeure toujours et partout accessible. Regarde les nuages, les arbres, la mer !

La mer, immobile comme toujours, murmurait à nos pieds ; elle était sans limites et pure. Les nuages voguaient avec majesté vers la terre, d'un mouvement lent, dans l'éblouissante lumière. Des rayons d'or caressaient les montagnes et s'évanouissaient devant la marche rythmée des nuages. Partout de la lumière et du mouvement, des sons et des jeux de couleur.

Le Sage contemplait avec calme cette beauté infinie, confiant et naturel comme s'il avait eu la conscience profonde de la relation intime de la relation intime qui existait entre lui et ce milieu. Il semblait deviner les pensées qui occupaient mon esprit tandis que je le regardais, car il me dit:

— Nous nous accordons aussi naturellement à la beauté qui nous entoure qu'un arbre ou une montagne. Pourvu que nous puissions demeurer toujours ainsi, nous conservons le sentiment de notre propre bien-être dans le vaste jeu du système du monde. On a tant parlé sur la vie humaine, et les savants ont créé un labyrinthe de théories si confus! Cependant, dans sa substance intime, elle est aussi simple que la Nature. Aucune chose n'est plus simple qu'une autre, et malgré toutes les apparences contraires, rien en réalité n'est dans le désordre: tout se meut d'une manière aussi sûre et aussi inévitable que la mer.

Il y avait dans sa voix à la fois le grand amour du poète et la tranquille assurance du savant qui prend appui sur une vérité indiscutable.

— Es-tu satisfait pour aujourd'hui, me demanda-t-il amicalement, et t'ai-je aidé à faire un pas en avant? Sens-tu plus clairement maintenant ce qu'est la poésie?

— Père, lui répondis-je, ta sagesse est poésie et ta poésie est sagesse. Comment cela peut-il être ?

— Cela est très vrai de ton point de vue, répondit-il, mais il te reste à apprendre que tous ces mots ne sont qu'une apparence. Je ne sais ce qu'est ma sagesse, ni ma poésie : elles sont tout un. C'est si simple et si naturel quand on arrive à le comprendre. Tout cela c'est *Tao*.

無為

Chapitre III

L'AMOUR

I

C'était encore une fois le soir. Nous étions assis sur le gazon, au flanc de la montagne, et notre calme intérieur était en harmonie avec le silence solennel du crépuscule. Les chaînes de montagnes lointaines reposaient dans une atmosphère qui respirait le respect et la dévotion : elles semblaient agenouillées sous la voûte des cieux, sous la bénédiction de la nuit qui descendait doucement. Les arbres isolés çà et là sur les collines étaient immobiles, comme en suspens dans une adoration silencieuse. Avec son murmure lointain, indistinct, la mer semblait perdue dans sa propre immensité. Toutes choses baignaient dans une paix infinie et les sons atténués montaient dans la nuit comme des prières.

Le Sage était debout devant moi, avec la dignité d'aspect d'un arbre au sein de la Nature, inspirant une émotion sacrée comme le soir lui-même.

J'étais revenu pour l'interroger encore, car mon âme

ne connaissait plus de repos loin de lui et une puissante impulsion s'était élevée en moi ; mais maintenant, auprès de lui, j'osais à peine parler : il me semblait en vérité que les paroles n'étaient plus nécessaires et que tout se révélait spontanément. Comme tout semblait simple et bon ce soir ! N'était-ce pas mon propre être intime que je reconnaissais dans toute la beauté qui m'environnait, et tout n'était-il pas sur le point d'être absorbé dans l'Infini ?

Je parlai cependant, et ma voix rompit ce grand silence.

— Père, lui dis-je tristement, chacune de tes paroles demeure dans mon esprit, et leur parfum emplit mon âme. Cette âme n'est plus mienne à présent ; elle n'est plus ce qu'elle était autrefois. Il me semble être mort, et je ne sais ce qui se passe en moi, le jour, la nuit, pour que mon esprit s'allège ainsi et se détache. Père, je sais bien que c'est *Tao* : c'est la mort et la résurrection glorieuse, mais ce n'est pas l'amour ; et, sans l'amour, *Tao* ne me paraît être qu'une illusion pleine d'obscurités !

Le vieillard promena lentement son regard sur cette scène du soir, et sourit avec douceur :

— Qu'est-ce que l'amour ? demanda-t-il avec calme.

Le sais-tu bien ? J'en doute.

— Non. Je ne le sais pas bien, lui répondis-je. Je ne le sais point du tout, mais c'est précisément ce qui le rend si précieux. Oui, laisse-moi m'expliquer : je veux parler de l'amour d'une jeune fille, de l'amour d'une femme. Je me rappelle encore, Père, ce que j'ai éprouvé quand j'ai aperçu celle que j'aimais et quand mon âme a connu le ravissement pour la première fois. C'était comme l'océan, comme un vaste ciel, comme la mort ! Il faisait jour, et j'avais été aveugle ! C'était une souffrance, Père ; mon cœur battait avec violence et mes yeux étaient brûlants. Le monde était pareil à une fournaise, les choses prenaient un aspect étrange et semblaient commencer à vivre. C'était une grande flamme qui jaillissait de mon âme : c'était effrayant, adorable, mais si infiniment grand. Père, je crois que c'était plus grand que *Tao* !

— Je sais bien ce que c'était, répondit le Sage ; c'était la Beauté, la forme terrestre de *Tao* qui n'a point de forme, qui évoquait en toi le rythme de ce mouvement par lequel tu feras retour en *Tao*. Tu aurais pu éprouver la même chose à la vue d'un arbre, d'un nuage ou d'une fleur ; mais, parce que tu es humain, vivant de désirs, cela ne pouvait t'être révélé que par un autre être humain – une femme – et aussi parce que cette forme était plus compréhensible et plus familière pour toi. Et, parce que le désir n'a pas permis l'épanouissement complet d'une pure contemplation, le rythme qui s'était éveillé en toi s'est changé en une tourmente furieuse, semblable à une mer battue par la tempête qui ne sait vers quoi elle tend. L'essence intime de tout ce que tu ressentais n'était pas l'amour, mais *Tao*.

Le calme du vieux Sage m'impatienta et m'excita à lui répondre avec rudesse.

— Oh! il est bien facile de discourir sur ces choses, mais n'ayant jamais rien éprouvé de semblable toi-même, tu ne peux vraiment comprendre ce dont tu parles.

Il me regarda fixement et posa sa main sur mon épaule avec sympathie.

— Il serait cruel de ta part de parler ainsi, jeune homme, si tu parlais à un autre qu'à moi. J'ai aimé avant que tu ne respires en ce monde! À cette époque vivait une jeune fille, si adorable qu'elle semblait être la Forme directement née de *Tao*. Elle était le monde entier pour moi et le monde n'était qu'une chose morte qui gisait à mes pieds. Je ne voyais qu'elle, et les arbres, les nuages, les hommes, rien d'autre n'existait à mes yeux. Elle était plus belle que cette soirée, plus douce que les lignes de ces montagnes lointaines, plus tendre que les cimes de ces arbres qui se balancent, et le rayonnement de sa présence était une joie plus exquise que le scintillement de cette étoile là-bas. Je ne te dirai pas son histoire : les feux de l'enfer feraient souffrir moins cruellement que je n'ai souffert alors... Mais tout cela était irréel, tout cela est passé comme un orage qui se perd dans le lointain. Il me semblait n'avoir plus qu'à mourir : mon seul désir était d'échapper à ma souffrance dans la mort ; mais une aurore se leva dans mon âme, tout s'éclaira et devint compréhensible. Rien n'était perdu. Tout demeurait tel qu'auparavant. La beauté que je croyais m'avoir été ravie continuait à vivre, intacte, en moi-même ; car ce n'était pas de cette femme, mais des profondeurs de mon âme que cette beauté provenait réellement ; et je la voyais rayonner encore, à travers le monde entier, dans une impérissable splendeur. La Nature était tout entière telle que j'avais conçu cette fragile apparition féminine, mais elle seule. Mon âme était une avec la Nature et marchait d'un Rythme égal au sien vers l'éternel *Tao*.

Son calme m'avait calmé et je lui répondis :

— Celle que j'aimais est morte, Père. Celle qui a brisé

mon âme comme un enfant cueille une fleur n'est jamais devenue ma femme ; mais j'ai une femme maintenant, un miracle de force et de bonté, une femme qui est aussi essentielle à ma vie que le jour et l'air. Je ne l'aime pas comme j'aime maintenant encore celle qui est morte, mais je sais qu'elle est un être humain plus pur que l'autre. Comment se fait-il alors que je ne l'aime pas autant ? Elle a transformé ma vie tourmentée, troublée, en une marche paisible vers la mort. Elle est simple et vraie comme la Nature même et son visage m'est aussi cher que la lumière du jour.

— Tu l'aimes en vérité, dit le Sage, mais tu ne sais pas ce qu'est l'amour ni ce que c'est qu'aimer. Je vais te l'apprendre : l'amour n'est rien d'autre que le Rythme de *Tao*. Je te l'ai dit : c'est de *Tao* que tu proviens et tu retourneras à *Tao*. Quand, jeune encore et l'âme plongée dans l'ombre, tu ressens l'ébranlement de la première impulsion au-dedans de toi, tu ne sais pas encore où tu vas. La femme se révèle à tes yeux et tu crois qu'elle est le but vers lequel le Rythme éprouvé t'entraîne ; mais, alors même que cette femme est tienne et que tu as tressailli à son contact, tu continues à ressentir en toi le Rythme inapaisé, et tu apprends qu'il te faut aller au-delà, toujours au-delà, pour qu'il s'apaise. C'est alors qu'une grande tristesse s'élève dans l'âme de l'homme et de la femme ; ils regardent l'un vers l'autre et s'interrogent : vers quel but tendront-ils désormais ? Doucement leurs mains s'étreignent : ils iront ensemble à travers la vie, entraînés par la même impulsion, vers le même but. Appelle cela l'amour si tu veux ; qu'importe un nom ? Moi je l'appelle *Tao* ; et les âmes de ceux qui aiment sont comme deux nuées blanches qui flottent ensemble, doucement, et qui s'évanouissent, dispersées par la même brise dans l'azur infini des cieux.

— Mais cela n'est pas l'amour dont je parle ! m'écriai-je. L'amour n'est pas le désir de voir la bien-aimée absorbée en *Tao* ! L'amour est le désir d'être constamment auprès d'elle, l'aspiration intense à fondre les deux âmes en une seule, le désir ardent de planer avec elle dans la félicité, unis dans un même souffle, mais toujours seul avec la bien-aimée, pas avec les autres, pas avec la Nature ! Et si j'étais absorbé en *Tao* tout ce bonheur serait perdu à jamais ! Oh ! laisse-moi rester dans ce monde béni avec ma fidèle compagne. Ici tout est souriant et hospitalier, tandis que *Tao* demeure encore si sombre et si impénétrable pour moi.

— L'ardeur du désir s'éteint, répondit le Sage avec calme. Le corps de celle que tu aimes se flétrira et retournera dans la terre. Les feuilles des arbres se flétrissent en automne et les fleurs fanées se penchent tristement vers le sol. Comment peux-tu tant aimer ce qui n'a point de durée? D'ailleurs tu ne sais encore véritablement ni comment tu aimes ni ce que tu aimes. La beauté de la femme n'est qu'un vague reflet de la beauté sans forme de *Tao*. L'émotion qu'elle éveille, le désir de t'anéantir dans sa beauté, l'épanouissement de ton être qui te fait souhaiter de t'enfuir avec la bien-aimée vers des infinis de bonheur, crois-moi ce n'est pas autre chose que le Rythme de *Tao*: seulement, tu ne le sais pas. Tu es encore semblable à la rivière qui ne connaît que ses rives ensoleillées et qui ignore la puissance qui l'entraîne, mais qui, inévitablement, ira se perdre un jour dans l'immensité de l'océan. Pourquoi cette lutte pour le bonheur, pour le bonheur humain qui ne dure qu'un moment et qui s'évanouit? Chuang-Tse disait avec vérité: le plus grand bonheur c'est l'absence de bonheur. N'est-elle pas médiocre et pitoyable cette fluctuation perpétuelle, ascension d'un moment entre deux chutes? Oh! l'incertitude et la fragilité des intentions et du progrès des hommes! Ne cherche pas le bonheur dans une femme; elle est la Révélation de *Tao* qui s'offre à toi; elle est la Forme la plus pure, dans la nature entière, par laquelle *Tao* se manifeste; elle est la Force douce qui éveille en toi le Rythme de *Tao*, mais par elle-même elle n'est qu'une pauvre créature semblable à toi. N'imagine pas que ce que tu aperçois en elle soit ce *Tao*, sacré par-dessus tous, que tu atteindras un jour, car alors tu la rejetterais certes, le jour où tu comprendrais ce qu'elle est réellement! Si tu veux aimer véritablement une femme, aime-la comme participant à la même nature illusoire que toi-même et ne cherche pas le bonheur par elle. Que dans ton amour tu le comprennes ou non, son être intime est *Tao*. Un poète regarde une femme et, emporté par le Rythme, il voit la beauté de sa bien-aimée en toutes choses: dans les arbres, les montagnes, l'horizon; car la beauté de la femme est la même que celle de la Nature. C'est l'expression de *Tao* qui n'a ni limite, ni forme, et ce que ton âme désire, dans le ravissement que t'en cause la vision – ce sentiment étrange, ineffable, n'est autre chose que l'union avec cette beauté – avec *Tao*, et ta femme éprouve la même chose. Vous êtes l'un pour l'autre des anges qui se guident l'un l'autre vers *Tao* sans le savoir.

Je demeurai un instant silencieux, perdu dans mes réflexions. Il y avait une grande tristesse dans les couleurs pâlies et dans le silence du soir. Au-dessus de l'horizon, à l'endroit où le soleil s'était couché, une faible traînée de lumière rouge persistait, semblable à une souffrance qui s'éteint.

— Quelle est donc cette tristesse qui émane de toute la Nature autour de nous, lui demandai-je ? Ne semble-t-il pas que, sous ce crépuscule, la terre entière pleure, dans une douloureuse aspiration ? Regarde son deuil, regarde ces teintes mourantes, les cimes des arbres qui se penchent et l'attitude pensive des montagnes. Les larmes montent aux yeux de l'homme quand ils s'arrêtent sur cette grande douleur de la Nature ; il semble que toutes choses – mer, montagnes et cieux – soient emplies d'un deuil immense.

Le Sage répondit :

— C'est la même douleur qui pleure au cœur des hommes. Ta propre aspiration frissonne dans la Nature aussi ; la nostalgie du soir est aussi la nostalgie de ton âme. Ton âme a perdu son amour – *Tao* –, à qui elle fut unie autrefois, et elle désire la réunion avec son amour. Une réunion absolue avec *Tao*, n'est-ce pas un amour immense ? Être si absolument uni avec la bien-aimée, que tu sois entièrement sien et elle entièrement tienne, une union si complète et si éternelle que ni la mort ni la vie ne puissent plus jamais vous séparer, si paisible et si pure que le désir ne puisse plus s'éveiller en toi, parce que le Bonheur suprême est atteint et qu'il n'y a que la paix, la paix sacrée, calme, lumineuse!... Car *Tao* est l'Infini de l'Âme, unique, éternel et toute pureté.

«Cela n'est-il pas plus parfait que l'amour d'une femme, ce pauvre amour triste, où chaque jour révèle quelque souillure de la vie limpide de l'âme par la passion sombre et ardente? Quand tu seras absorbé en *Tao*, et seulement alors, tu seras complètement, éternellement uni à ta bien-aimée, à l'âme de tous les hommes, tes frères, et à l'âme de la Nature; et les quelques moments de bonheur incertain dont ceux qui aiment jouissent sur terre ne sont rien en comparaison de ce bonheur infini: l'union des âmes de tous ceux qui aiment dans une éternité de pureté parfaite.»

Un horizon de bonheur s'ouvrit à mon âme, plus large que le vague horizon de la mer, plus vaste que les cieux.

— Oh! Père, m'écriai-je en extase, est-il possible que tout soit si sacré et que je ne l'aie jamais compris? J'ai été si empli de désirs, si épuisé par les larmes, et ma poitrine était si lourde de sanglots et de terreurs! J'ai été consumé de tant de craintes! J'ai tremblé à l'idée de la mort; j'ai désespéré que tout fût bon en voyant tant de souffrance autour de moi; je me suis cru damné à cause des passions sauvages, à cause des désirs charnels qui brûlaient en moi, qui jetaient leur flamme au dehors et que, tout en les haïssant; j'étais condamné à servir par ma propre lâcheté. Avec quelle horreur sans nom j'ai songé que le corps de ma bien-aimée, semblable à une tendre fleur, doit un jour tomber en poussière et rentrer dans le sein sombre et froid de la terre! J'ai cru que je ne connaîtrais jamais plus cette paix bienheureuse en revoyant le regard de ses yeux dans lequel son âme rayonnait. Et c'était *Tao*! Est-ce que vraiment *Tao* était toujours et même alors en moi, comme un gardien fidèle? Était-ce *Tao* qui resplendissait dans ses yeux? *Tao* était-il dans tout ce qui m'environnait, dans les nuages, les arbres, la mer? Et l'être intime de la terre et des cieux est-il bien aussi l'être intime de ma bien-aimée et de ma propre âme? Est-ce pour *cela* que brûle en moi ce désir mystérieux que je ne comprenais pas et qui m'entraînait toujours plus loin, sans relâche? J'ai pensé que cela m'éloignait de ma bien-aimée et que je cessais de l'aimer. Est-ce réellement le Rythme de *Tao* qui entraînait ma bien-aimée aussi? Le même Rythme par lequel la nature entière respire, par lequel les soleils et les planètes poursuivent leur course glorieuse à travers les éternités? Oh! alors en vérité tout devient sacré! Alors, en vérité, *Tao* est en toutes choses comme mon âme est en *Tao*. Oh! Père, Père, que mon cœur devient léger! Mon âme semble prévoir ce qui arrivera un jour; les cieux et la vaste mer le prédisent aussi. Regarde combien l'attitude de ces arbres autour de nous semble pénétrée de respect; vois les lignes des montagnes, comme elles sont douces dans leur repos sacré. La Nature entière est pleine d'une vénération sainte et mon âme aussi tremble en son extase, car elle a vu sa bien-aimée!

Je demeurai longtemps plongé dans l'oubli de toutes choses, silencieux, immobile. Il me semblait être un avec l'être de mon Maître et avec la Nature. Je ne voyais rien, je n'entendais rien; exempt de tout désir, délivré de toute volonté, j'étais abîmé dans une paix infinie.

Un bruit léger près de moi m'éveilla: un fruit était tombé d'un arbre sur le sol. Quand je levai les yeux, la clarté de la lune resplendissait. Le Sage était debout à mes côtés et se penchait amicalement vers moi:

— Tu as trop tendu les forces de ton âme, mon jeune ami, dit-il avec sérieux. C'en est trop pour toi dans un temps si court et tu t'es endormi d'épuisement. La mer sommeille aussi. Regarde, il n'y a pas une ride à sa surface; immobile, rêveuse, elle reçoit la bénédiction de la lumière. Mais il faut t'éveiller maintenant; il est tard, ta barque est prête et dans la ville, ta femme t'attend dans ta demeure.

Je lui répondis, encore à demi plongé dans un rêve :

— Il ferait si bon demeurer ici. Permets que je revienne avec ma femme et que nous demeurions ici pour toujours. Je ne puis plus retourner dans la foule. Ah ! Père, je n'en ai pas le courage : je vois leurs visages moqueurs, leurs regards insolents, leur incrédulité, leur ignorance de toute vénération. Comment pourrais-je conserver la lumière merveilleuse et les sentiments délicats et purs dont mon âme est pleine au milieu de cette foule grossière ? Comment pourrais-je les cacher sous un sourire ou par mes paroles, de sorte qu'ils ne les aperçoivent jamais et ne les profanent point par leur ridicule odieux ?

Il posa sa main sur mon épaule et me dit gravement :

— Écoute bien ce que je vais te dire, ami, et surtout, crois-moi. Je vais te faire de la peine, mais je ne puis l'éviter. Il *faut* que tu retournes dans le monde, parmi les hommes, tes compagnons ; il n'en peut être autrement. Tu as déjà trop conversé avec moi ; peut-être aussi t'en ai-je dit un peu trop. Ton développement désormais doit être ta propre œuvre et il faut que tu découvres tout par toi-même. Sois seulement simple de cœur et tu découvriras tout sans peine, comme un enfant trouve des fleurs. En ce moment tu ressens d'une manière profonde et pure ce que je t'ai enseigné ; les dispositions où tu te trouves marquent un des moments les plus hauts de ta vie, mais tu ne saurais encore être assez fort pour les maintenir. Tu retomberas, et la perception spirituelle fera place de nouveau à des paroles et à des théories. Ce n'est que par de lents degrés que tu pourras retrouver ces dispositions avec toute leur pureté et les maintenir d'une façon permanente. Quand cela sera tu pourras revenir ici en paix et tu feras bien, *alors*, de demeurer ici ; mais à cette époque je serai mort depuis bien longtemps.

« Il faut que tu complètes ton développement au sein de la vie et non hors d'elle, car tu n'es pas encore assez pur pour t'élever au-dessus d'elle. Il y a un instant tu en étais capable, il est vrai, mais la réaction va bientôt se produire. Tu ne dois pas t'isoler du reste des hommes : ils sont tes égaux, quoique peut-être leurs perceptions n'aient pas la pureté des tiennes. Tu peux aller parmi eux comme un compagnon et les prendre par la main ; seulement, ne les laisse pas regarder dans ton âme tant qu'ils seront encore trop loin derrière toi. Ce n'est point par méchanceté qu'ils se moqueraient, mais plutôt à cause de leurs convictions religieuses et parce qu'ils n'ont aucune idée de la misère et de l'abandon dans lequel ils vivent ; parce qu'ils ne savent pas combien ils sont éloignés des choses sacrées qui sont réellement ta vie. Il faut être si robuste dans tes convictions que rien ne puisse te faire obstacle. Tu ne le deviendras qu'après des luttes longues et bien rudes, mais ta force naîtra de tes larmes mêmes et à travers la souffrance tu atteindras la paix. Rappelle-toi par-dessus tout que *Tao*, la Poésie et l'Amour sont une seule et même chose, bien que tu cherches à les défi-nir par ces vagues expressions différentes ; rappelle-toi que *Tao* est constamment en toi et autour de toi, qu'il ne t'abandonne jamais, que tu es en sécurité et bien gardé sous cette protection sainte. Tu es environné de bienfaits, tu es protégé par un amour éternel. Toutes choses sont sanctifiées par la force primordiale de *Tao* qui habite en toi. »

Ses paroles étaient si douces et si convaincantes que je n'avais rien à répondre. Je me laissai guider par lui jusqu'au rivage ; mon bateau m'attendait, immobile sur l'eau unie.

— Adieu, mon jeune ami, adieu, dit-il d'une voix calme et pleine de tendresse. Souviens-toi de tout ce que je t'ai dit.

Je ne pouvais le quitter ainsi ; je pensai soudain à la

solitude de son existence dans cette île et des larmes de sympathie montèrent à mes yeux. Je saisis sa main :

— Père, viens avec moi, le suppliai-je. Ma femme et moi nous prendrons soin de toi ; nous ferons tout pour toi, et quand tu seras malade, nous te soignerons. Ne reste pas ici dans cette solitude, privé de tout l'amour qui pourrait te rendre la vie si douce.

Il sourit avec bonté, secoua la tête, comme un père le ferait face à un caprice de son enfant, et me répondit avec une paisible cordialité :

— Tu es déjà retombé ! Comprends-tu maintenant combien il t'est nécessaire de rester mêlé à la vie de tous les jours ? Je viens de te dire à l'instant même l'immensité de l'amour qui m'environne et tu me crois seul, oublié ! Ici, en *Tao*, je suis autant en sécurité, aussi en refuge qu'un enfant auprès de sa mère. Ton intention est bonne, ami, mais tu as besoin de devenir plus sage, beaucoup plus sage ! Ne te mets pas en souci pour moi ; ce n'est pas nécessaire, bien que je te sache gré de ce sentiment. Songe seulement à toi-même pour l'instant. Fais ce que je te dis. Crois bien que je te conseille ce qui vaut le mieux pour toi. Tu trouveras dans ton bateau quelque chose qui te rappellera les journées que tu as passées ici. Adieu.

Je m'inclinai en silence en lui baisai la main. Je crus sentir que l'émotion la faisait trembler, mais quand je le regardai de nouveau, son visage était calme et souriant comme la lune dans le ciel.

J'entrai dans le bateau, le batelier prit ses rames et, en quelques coups agiles, nous fit glisser sur la surface unie de l'eau. J'étais déjà à quelque distance de la terre quand mon pied toucha quelque chose au fond de la barque, et je me rappelai soudain qu'un objet se trouvait là pour moi. Je le pris : c'était un petit coffret. J'en levai promptement le couvercle et, au clair de la lune doux et calme, je vis resplendir, avec son rayonnement mystique, la merveilleuse porcelaine de l'image de Kwan-Yin, celle que le Sage avait si précieusement conservée, et qu'il aimait tant.

Dans la sérénité sublime de ses traits sévères et pourtant doux, dans la délicatesse éthérée de la porcelaine transparente, la pure image de Kwan-Yin reposait parmi les pétales radieux du lotus. Sous la clarté de la lune, elle semblait rayonner d'une lumière spirituelle.

J'osais à peine croire que cette image sacrée me fût donnée. Je pris mon mouchoir et l'agitai dans la direction du rivage pour envoyer au Sage mes remerciements. Il demeurait immobile et regardait droit devant lui. J'attendis, désirant passionnément qu'il fît un geste, qu'il m'envoyât un dernier adieu, un dernier signe d'affection, mais il resta immobile. Était-ce moi qu'il suivait des yeux ? Regardait-il la mer ?

Je fermai le couvercle du coffret et je le gardai contre moi, comme si c'eût été un objet de son amour que j'emportais. Je compris alors qu'il m'aimait, mais son immuable sérénité était trop grande pour moi : j'étais attristé qu'il ne m'eût plus adressé aucun signe.

Nous nous éloignions de plus en plus ; ses traits et ses contours devenaient de plus en plus vagues : enfin, je le perdis de vue.

Il restait avec les rêves de son âme, au milieu de la Nature, seul dans un infini, privé de tout amour humain, mais proche du Cœur immense de *Tao*.

Je repris le chemin qui me ramenait à l'existence, parmi les hommes, mes frères et mes égaux, dans l'âme de chacun desquels demeure *Tao*, primordial, éternel.

Les lumières pittoresques du port brillaient déjà dans le lointain et le murmure de la grande cité, de plus en plus proche, venait jusqu'à nous sur la surface de la mer.

Alors je sentis en moi une force puissante et j'ordonnai au batelier de ramer encore plus vite. J'étais prêt. N'étais-je pas autant en sécurité, aussi bien protégé dans la vaste cité que dans la campagne paisible, dans la rue que sur la mer?

En toutes choses et partout demeure la Poésie, l'Amour, *Tao*. Et le monde entier est un grand sanctuaire, sagement conçu et sûrement gardé, comme une demeure solide et bien ordonnée.

無為

Ouvrages parus aux éditions Discovery,
Serie Nataraj

Bhagavad-Gîta
Le Chant du Bienheureux
Traduction d'Émile Burnouf

« *Ce livre est probablement le plus beau qui soit sorti de la main des hommes. Jamais on n'a énoncé avec plus de force l'Unité du principe absolu des choses, essence et point culminant de la pensée indienne. De là découle une morale qu'on n'a point surpassée, morale non seulement théorique, mais pratique par excellence, unissant les plus nobles affections de la nature humaine à la loi stoïque du désintéressement. Il faut lire ce petit livre et s'en nourrir. Nous en avons le plus grand besoin.* » (Émile Burnouf)

« *Bhagavad-Cîtâ* » signifie « Le Chant du Bienheureux », le Seigneur Krishna. Datant du Ve siècle av. J.-C., il fait partie de l'épopée du *Mahâbhârata*. C'est le livre de la religion de Vishnou, mais, bien plus, celui de tous les indous, quel que soit leur culte. Même hors des frontières de l'Inde, l'enseignement de la dévotion, de la méditation et du détachement par Krishna à Arjuna émeut toutes les sensibilités spirituelles.

Je Suis Shiva!

(Shivoham)

Shankarâchârya

Hymnes à la Non-dualité

« Je suis Shiva ! » (*shivoham*) : ainsi s'exclame le sage qui a réalisé sa nature véritable : « Shiva » désigne ici l'Absolu, au-delà des distinctions religieuses, le « Soi », essence de tous les « moi ». Littéralement, en sanscrit « *shiva* » signifie « favorable, bénéfique, bienfaisant ». C'est le nom du Bien suprême... Pour l'Advaïta (non-dualisme) des indous, ce « Bien » est l'unique Réalité, l'Un-sans-second, à découvrir en soi. Les trois hymnes présentés ici sont l'œuvre de Shankara, le maitre de l'Advaïta Vedânta du VIIIe siècle, qui se plait à mêler la joie du « Délivré-vivant » à l'enseignement sans concession du Guru :

- *Prâtah Smaranam*, la « Méditation du matin » ;

- *Bhaja Govindam*, célèbre chant spirituel et recueil d'instructions pour les aspirants à la Délivrance ;

- *Nirvana Shatkam*, où le récitant affirme sa pure « shivaïté » (*shivoham*).

Kaivalya Upanishad

La solitude comblée

Traduction d'après Paul Deussen

Nous sommes en Inde il y a plus de deux millénaires. Ce livre témoigne du moment crucial, dans le dialogue de maitre à disciple, celui de la transfiguration, où la conscience du « moi » (*jîva*), devient Conscience du « Soi » (Shiva) :

> « *Cette* Upanishad *décrit l'«Absoluité», c'est-à-dire l'état de l'homme qui, sur la voie du renoncement* (tyâga), *s'est libéré de tout attachement au monde et qui, en conséquence, se connait et se ressent uniquement en tant qu'essence divine, présente en toutes choses. La beauté de l'*Upanishad *éclate particulièrement à partir de la strophe 17, lorsque le disciple lui-même commence à parler, exprimant sa conscience de son identité avec Dieu...* » (Paul Deussen)

> « Kaivalya *est la solitude comblée, l'exclusivité de l'Un, au moment où, sous l'influence de la grâce divine, l'homme saisit le Soi comme l'absolu qu'il est par nature.* » (Lilian Silburn)

OM

La Syllabe Primordiale

Textes recueillis et présentés par Roberto Caputo

« Om est la syllabe suprême,
Sa méditation est la méditation suprême »
(Atharvashikâ Upanishad, I)

Om : la révélation du secret de la vibration éternelle se trouve au cœur des plus anciennes *Upanishad,* de la *Bhagavad Gita* et de l'ensemble des Textes sacrés de l'Inde. Les Sages qui en ont fait l'expérience viennent confirmer l'Écriture : *« Om est la Vérité éternelle »* (Râmana Maharshi).

En découvrant la Syllabe à la source, il apparaît que mieux qu'un symbole, *Om* est la résonance même du Réel : la pratique de sa récitation amène à l'absorption en... « Cela » (l'Absolu, *Brahman*). L'efficience de cette pratique est reconnue unanimement, et le tantrisme rejoint naturellement le *Vedânta.*

Comme une montagne de camphre
Une vie auprès de Râmana Maharshi

Textes recueillis par David Godman

Avec photos des archives de l'ashram.

Srî Râmana Maharshi et Annamalai Swâmî : « *Comme une montagne de camphre* », deux recueils d'enseignements (questions-réponses) inédits du sage d'Arunâchala et de son disciple devenu maitre à son tour.

Annamalai Swâmî :

« *Une vie auprès de Râmana Maharshi* »

La vie au jour le jour aux côtés de Râmana Maharshi le grand sage indou du XXe siècle (1879-1950). C'est son disciple Annamalai swâmî, responsable de la construction des bâtiments de ce qui allait devenir l'ashram du Maharshi, qui raconte ses souvenirs auprès du « Libéré vivant » d'Arunâchala.

Tout est Un
Anonyme

« *Si tu veux la délivrance* (moksha), *alors écris, lis et pratique les instructions contenues dans ce petit livre, "Tout est Un".* »

C'est Râmana Maharshi, le grand sage indou (1879-1950) qui s'adresse ainsi à son disciple, Annamalai Swâmî. La pratique de l'*advaïta vedânta* est présentée d'une manière aussi concise qu'originale dans ce texte du XIXᵉ siècle. L'auteur, Tamoul resté anonyme, n'est pas un érudit, ni un lettré : il transmet avec simplicité et un fort accent d'authenticité le fruit de son expérience de la pure intériorisation : l'Unité se trouve dans l'intériorité absolue de la conscience *(pûrnâhanta)*, à l'opposé de l'extériorité dispersante... Srî Râmana, tout en encourageant la lecture et la pratique des enseignements de ce livre, souligne la nécessité de ce *retournement* vers l'intérieur :

« *Garde toujours dans le cœur le sens de la non-dualité, mais ne l'exprime jamais dans l'action.* »

Dhammapada

Le *Dhammapada* (littéralement «Stances de la Doctrine») est le plus célèbre et précieux des ouvrages transmettant la parole du Bouddha. Ces 423 versets contiennent l'essence de l'enseignement du Prince devenu Sage en Inde, au VIe siècle avant Jésus-Christ.

Le Bouddha enseigne le moyen de mettre fin à la souffrance par la réalisation de la vacuité du «moi» et du monde. Cette réalisation conduit naturellement au détachement, qui est la clé du *nirvana,* le bonheur inaltérable...

Doctrine humaniste de compassion et d'amour, le bouddhisme est surtout un chemin de délivrance spirituelle, d'Éveil à notre vraie nature: le Bouddha est en chacun...

Trésors du Bouddhisme
Frithjof Schuon

«La beauté du Bouddha aspire comme un aimant toutes les contradictions du monde et les transforme en un silence rayonnant; l'image qui en dérive est comme une goutte de nectar d'immortalité tombée dans la froideur du monde des formes et cristallisée sous une forme humaine, une forme accessible aux hommes.» F.S.

«Essentialité, universalité et ampleur caractérisent les écrits de Frithjof Schuon. (...) Schuon possède le don d'atteindre le cœur même du sujet traité, d'aller, au-delà des formes, au Centre informel de celles-ci, qu'elles soient religieuses, artistiques ou liées à certains aspects ou traits des ordres humains ou cosmiques.» (Seyyed Hossein Nasr)

Regards sur les Mondes Anciens
Frithjof Schuon

Frithjof Schuon (1907-1998) est l'auteur d'une œuvre métaphysique considérable – aujourd'hui traduite en plusieurs langues – qui met en lumière l'unité essentielle des sagesses traditionnelles et en explicite l'immuable vérité. Il tourne ici ses « Regards » vers l'Éternité contenue dans des traditions aussi diverses que celles des Peaux-Rouges, de la Grèce de Platon, du Moyen Âge chrétien ou des indous...

« S'avisera-t-on un jour que le plus grand philosophe français du XXᵉ siècle n'était pas parmi ceux que l'on cite partout, mais très probablement celui qui, dans l'indifférence générale et la conjuration d'un silence bien organisé, édifia patiemment, hors de tout compromis, l'une des œuvres décisives de ce temps, la seule qui, à la suite de René Guénon, mais dans une autre tonalité, rende compte en notre langue de la Philosophia perennis *? »*
(Jean Biès)

Autre ouvrages parus aux éditions Discovery,
Serie Nataraj

SAGESSE UNIVERSELLE

* *La lumière de l'Inde* – (Alphonse de Lamartine) Textes du poète Lamartine, après sa découverte émerveillée de l'Inde à travers ses épopées indoues, le Râmayâna et le Mahâbharata.

* *Dieu en Soi* – Méditations au cœur de l'Inde et du Christianisme (Textes présentés par R. Caputo et C. Verdu) – Convergences spirituelles entre les livres révélés chrétiens et indous.

* *La philosophie mystique de Simone Weil* – (Gaston Kempfner). Biographie de l'œuvre de la mystique chrétienne (1909-1943).

* *L'imitation de Jésus-Christ* – Traduction par Pierre Corneille, en vers, d'un texte spirituel du Moyen Âge.

* *La mort... sereinement* (Sénèque) – Extraits des Lettres à Lucilius, les réflexions du philosophe stoïcien sur le sens de la mort et l'acceptation sereine du terme de la vie.

* *La consolation de la Philosophie* (Boèce) – Classique de la philosophie au Moyen Âge, ce joyau de la sagesse stoïcienne et platonicienne fut écrit par Boèce en prison, alors qu'il attendait sa mise à mort.

Discovery
Publisher

Les Éditions **Discovery** est un éditeur multimé-
dia dont la mission est d'inspirer et de soutenir la trans-
formation personnelle, la croissance spirituelle et l'éveil.
Avec chaque titre, nous nous efforçons de préserver la
sagesse essentielle de l'auteur, de l'enseignant spirituel,
du penseur, guérisseur et de l'artiste visionnaire.

www.ingramcontent.com/pod-product-compliance
Lightning Source LLC
LaVergne TN
LVHW030633080426
835509LV00022B/3463

* 9 7 8 1 7 8 8 9 4 4 8 4 7 *